AF243575

SECONDE PÉTITION

CONTRE

LA TRAITE DES NOIRS,

PRÉSENTÉE

A LA CHAMBRE DES DÉPUTÉS,

LE 19 MARS 1821,

ET A CELLE DES PAIRS, LE 26;

PAR J. MORENAS,

Ex-Employé au Sénégal, en qualité d'Agriculteur-Botaniste et Membre de la commission d'exploration attachée à cette Colonie.

A PARIS,

IMPRIMERIE DE Mme JEUNEHOMME-CRÉMIÈRE,
RUE HAUTEFEUILLE, N° 20.

1821.

Messieurs,

Je vous ai dénoncé, l'an dernier, plusieurs infractions aux lois qui abolissent la traite. Ma démarche semblait n'avoir heurté aucune opinion.
Je m'étais borné à désigner quelques coupables, et
cependant j'ai été attaqué, du haut de la tribune
nationale, par ceux dont le devoir était, s'ils
avaient voulu connaître la vérité, d'écouter mes
plaintes et de rechercher les traces du crime que
j'avais indiquées. En réponse à des faits positifs,
faute de raisons, on m'a prodigué des injures. Le
rapporteur chargé de rendre compte de ma pétition et le ministre de la marine se sont efforcés
de me représenter, sans m'avoir entendu, comme
un vil calomniateur; et ils ont demandé que je
fusse *traduit devant les tribunaux, pour être puni
suivant toute la rigueur des lois* (1).

Pourquoi cet acharnement contre un simple citoyen qui se borne à dénoncer des abus? Son excel-
ence aurait-elle pris le langage de la vérité pour
un manque de respect? Si je suis coupable, d'où
vient qu'on diffère mon jugement; ou ma punition, comme a dit M. Courvoisier en promettant,

1

à l'Europe indignée, *une sévérité inflexible pour les coupables, ou pour le calomniateur?* Le silence de monseigneur le garde-des-sceaux, auquel vous avez renvoyé ma pétition, est une preuve manifeste de l'impuissance où l'on se trouve de démentir ce que j'ai avancé; et le ministre de la marine, en prononçant la destitution de la plupart des employés, que j'ai accusés de complicité dans la traite, a reconnu publiquement leur culpabilité (2). Mais pourquoi ces persécutions et ces ménaces contre ceux qui ont parlé de l'existence de la traite, suivies d'un morne silence devant quelques coupables démasqués?

C'était donc envain qu'on promettait une justice capable d'épouvanter le crime! On a commencé par me punir pour avoir fait entendre les gémissemens des victimes qu'une horrible cupidité fait égorger sur les côtes d'Afrique. J'ai été persécuté au Sénégal. Je l'ai été à mon retour en France. Revenu malade, on m'a refusé tout secours; même l'entrée d'un hôpital, malgré les infirmités contractées dans mon voyage. Tous mes torts, j'ose le dire sans crainte d'être démenti, se réduisent à n'avoir pu cacher l'horreur qu'inspire le commerce de la traite, et à désapprouver les projets absurdes du sieur Schmaltz (3).

Dans cet état de choses, le ministre assure, depuis deux ans, qu'il veut mettre fin à cet infâme trafic et que les coupables seront punis. Est-ce donc moi qu'il regarde comme tel, et non ceux qui ont vendu, ou permis de vendre, des milliers de noirs réduits à l'esclavage? La conduite du ministère de la marine semble vouloir le persuader, et le rapport de M. Courvoisier, fondé uniquement sur les pièces peu véridiques de M. Mackau, commissaire du roi, et des sieurs Schmaltz et Fleuriau, n'est qu'une diatribe contre les personnes qui ont dénoncé la traite (4) et un plaidoyer pour prolonger l'impunité des coupables auteurs de cet infâme commerce; plus nuisible à l'espèce humaine que toutes les pirateries des barbaresques.

Je suis loin de vouloir accuser le ministre, encore moins le gouvernement dont tous les membres ont témoigné publiquement leur indignation au sujet des horreurs occasionnées par la traite. La source du mal; la cause qui a rendu vaines toutes les mesures prises, jusqu'à ce jour, existe dans l'influence d'agens subalternes, sur lesquels ne pèse aucune responsabilité, et qui ont le dangereux pouvoir de tromper son excellence, en éloignant les rapports qui contrarient leurs intérêts et en produisant au grand jour les mensonges qui leur sont favorables (5).

Il est évident, Messieurs, que le ministre est trompé par ses bureaux; car il est ridicule qu'on feigne de ne point connaître, à la direction des colonies, l'énorme quantité d'esclaves portés journellement en Amérique, et qui s'élève au-dessus de dix mille, pour l'année seule qui vient de s'écouler (6). Il n'est pas possible qu'on n'y soit point

informé de la destination de quarante navires partis de France, depuis un an, pour faire la traite.
Peut-on supposer que les nombreux agens de la
marine ignorent seuls l'activité de ce commerce
illégitime qui se fait assez publiquement? Je pourrais au besoin désigner les vaisseaux négriers que
des armateurs destinent à de nouveaux voyages;
mais il ne s'agit plus de quelques faits isolés : l'impunité a produit une masse de preuves qui parle
plus haut que toutes les dénégations officielles.
Plusieurs vaisseaux français ont été arrêtés et conduits à Sierra-Léone (7), où les capitaines ont
protesté *contre la violation du droit des gens* (celui
de vendre des hommes) (8)! d'autres, envoyés sous
escorte à Gorée, n'en ont pas moins continué de
faire la traite (9). Le brick *la Louise*, consigné à
MM. Delile et Rancé de la Guadeloupe, est entré
le 4 octobre 1820, par la méprise de son capitaine,
dans la rade de Saint-Jean-d'Antigoa, avec cent
vingt-huit captifs, qui ont été confisqués (10). Sir
Georges Collier, commandant la croisière anglaise
sur la côte d'Afrique, déclare dans deux rapports
officiels, dont la chambre des communes d'Angleterre a ordonné l'impression, que dans les six premiers mois de 1820, il a rencontré vingt-cinq à
trente négriers sous pavillon français, et qu'il en a
retenu deux, qu'il s'est cru autorisé à saisir. Il
ajoute *qu'il a vu* dans le port de la Havane trente
négriers, également sous pavillon français. Enfin il
estime que, pendant les quatorze derniers mois, il

a été exporté d'Afrique, sur navires français, quarante mille esclaves. M. Mac Carthy, gouverneur général des établissemens anglais sur la côte occidentale d'Afrique, a confirmé ce témoignage depuis son retour en Angleterre. Il n'est plus permis de douter qu'une protection tacite ; ou , si l'on veut, qu'une négligence criminelle , de la part des agens de la marine , n'encourage la violation des lois.

Depuis ma pétition quelques coupables, à la vérité, ont été destitués ; mais tous jouissent d'une impunité révoltante : quelques-uns sont encore en place (11). Le capitaine de frégate Fleuriau, resté en activité de service, quoiqu'il ait sciemment laissé faire la traite sous son administration et par ses employés (12), continue d'être consulté (13). Le commissaire du roi, M. le baron de Mackau, après avoir assuré que ceux qui parlaient de l'existence de la traite n'étaient que des calomniateurs, a été récompensé (14). Quoi! M. le baron n'a vu aucune captiverie ! Il n'a pas entendu les gémissemens des esclaves, ni le bruit de leurs fers ! Qu'est-il donc allé faire au Sénégal ; écouter, à la table de Schmaltz, les rapports de Potin et de Bastide, ses affidés et ses associés?... (15). Le public saura apprécier l'intention de ceux qui ont répondu à l'évidence des faits, en faisant l'éloge du principal agent de la traite ; en approuvant l'unique auteur de la ruine du Sénégal, dont la jonglerie a coûté dix millions à la France (16) et deux mille de citoyens ; en élevant une voix protectrice en faveur de cet homme dont l'égoïsme a laissé périr au milieu des tourmens cent cinquante Français, sur cet infernal radeau ; monument éternel de honte pour notre marine (17).

A côté de ces actes empreints de partialités, ceux qui ont dénoncé la traite ont éprouvé la persécution, la perte de leur emploi, et sont injustement privés de leurs appointemens, que le budjet de la colonie porte beaucoup au-dessus de leur effectif (18).

Il serait inutile de parler de nouvelles infractions aux lois ; mon témoignage serait de nouveau repoussé par ces personnes qui n'écoutent que les rapports favorables à leurs vues, seuls accueillis dans les bureaux de la marine. Pour preuve de cette vérité, je n'ai qu'à citer deux exemples : celui du vaisseau négrier *le Rodeur* (19) dont l'histoire, connue de tout le monde, passe pour être ignorée dans ces bureaux ; puisque ce navire, qui n'a jamais été l'objet d'aucune enquête, vient de partir librement avec le même capitaine, pour faire un second voyage pareil au premier. L'autre exemple est celui du bâtiment *l'Africain*, capitaine Quonian, appartenant à M. Mille, alors membre de l'administration du Sénégal. Ce navire porte, en ce moment, une seconde cargaison de noirs, quoique j'eusse prévenu officiellement les bureaux de la marine de l'objet de son voyage avant sa première sortie. D'autres citations seraient superflues. Je me réserve de faire connaître une infinité de faits qui prouveront, sans réplique, l'existence de la traite et la négligence coupable des bureaux; lorsqu'il plaira à son excellence de me faire traduire devant un tribunal, ou de me faire appeler à une enquête dans laquelle les négriers et leurs protecteurs ne soient pas seuls écoutés.

Messieurs, d'après le désir des souverains et le vœu des peuples, de telles iniquités ne peuvent durer long-temps. Vous ne laisserez pas peser davantage sur la nation un reproche qu'elle ne mérita jamais. La France n'ayant adopté la traite que ford tard, s'est empressée de proclamer de bonne heure son abolition. Ce trafic sanguinaire, rétabli par Bonaparte et aboli de nouveau par sa majesté, le serait-il envain par les sourdes menées de quelques marchands de chair humaine? Jusqu'à présent cet infâme métier continue d'être un monopole au profit d'un petit nombre d'individus privilégiés (20).

D'après la parole du roi et les promesses des ministres, les paisibles enfans de l'Afrique, étrangers à la politique d'Europe et séduits par la douceur d'un avenir meilleur, espéraient vivre en paix à l'abri d'institutions philantropiques que garantissaient des traités solennels. Ce retour tardif aux principes de la justice et de la vérité, fut reçu par ces peuples simples et bons comme un bienfait; et les noirs ne virent dans leurs anciens ennemis que de nouveaux frères (21). Pleins de confiance, ils se livraient imprudemment à cette joie naïve qui embellit leur existence ; lorsque la cupidité, qui ne dort point, et le froid égoïsme, aux paroles mielleuses, saisirent cet instant pour amonceler de nouvelles victimes. Ces hommes, que nous voulons éclairer et convertir, accourus sous l'antique bannière des lis, qu'une main traîtresse leur présentait, ont été chargés de fers et replongés dans l'esclavage. Ces infortunés fuyent de nouveau, à la lueur de leurs chaumières incendiées, l'approche redouté des blancs ; et vont au loin proclamer l'inépuisable perfidie et l'insatiable soif du sang de l'homme qui caractérisent, à leurs yeux, les nations civilisées.

Cette conduite nous a mis en état de guerre avec tous les peuples du Sénégal. Nous sommes détestés par les indigènes. La vente de la gomme va passer, au pouvoir des Anglais et le commerce de cette colonie est entièrement ruiné....... Tant de malheurs sont le fruit de trois ans de traite, et de l'administration calamiteuse de Schmaltz; dont la capacité, si vantée dans les bureaux de la marine, se réduit à savoir élever une fortune aux dépens des particuliers et sur les débris de la misère publique (22).

Messieurs, vous ne sauriez permettre plus longtemps un pareil scandale, puisque votre silence encourage le meurtre et le carnage sur les côtes d'Afrique, et prolonge un trafic homicide, condamné par les lois, par la morale et la religion de tous les peuples (23).

Les Carthaginois, en sacrifiant des enfans à Moloch, étaient de bonne foi, et l'on ne peut leur reprocher qu'un fatal égarement produit par un aveugle fanatisme ; mais que dira la postérité d'un peuple qui, se piquant de politesse et de philosophie, court dérober des enfans aux tendres soins de leurs mères, et arracher des hommes du sein de leurs familles pour les vendre sur une terre étrangère où ces malheureux ne trouvent, pour toute consolation, qu'une mort prématurée qui termine leurs souffrances et leur désespoir ? Et c'est au dix-neuvième siècle que des chrétiens commettent de pareilles atrocités ! Messieurs, pour l'honneur de la patrie, empêchez que de vils spéculateurs continuent d'immoler des hommes pour assouvir leur infâme cupidité.

L'intérêt personnel, poussé dans ses derniers retranchemens, a parlé de l'amour-propre national comme étant compromis dans l'abolition de la traite (24). Il faudrait auparavant nous persuader que les Américains, dont le pavillon est au moins aussi bien défendu que le nôtre, quoique privé de l'appui d'une armée de commis (25), ont entaché leur gloire en proscrivant ce genre de piraterie. On a également prononcé, et avec la même *franchise*, le mot sacré de patriotisme : comme s'il pouvait y en avoir aux dépens de l'humanité. Les Espagnols et ces mêmes Américains, si recommandables par leur civisme, en manquent-ils en renonçant à traiter les Africains comme des bêtes de

somme ? Et quel serait ce patriotisme qui s'entre-
tiendrait de victimes humaines ? autant vaudrait-il
parler de la justice, de voler et de tuer son prochain.

Il me reste à examiner une autre question, mise
aussi en avant pour obtenir la prolongation de la
traite. Je veux parler de la jalousie de nos voisins, et
des intrigues d'un cabinet, sur lesquelles les personnes qui nous les signalent pourraient nous faire de
précieuses révélations. Il veut, disent-elles, la ruine
de nos colonies. Cela peut-être; mais il faut conve-
nir qu'il fait moins pour obtenir ce résultat que ceux
qui sont chargés de nous les conserver. Qui est-ce,
en effet, qui a sacrifié tous nos intérêts maritimes?
Ne sont-ce pas ceux qui s'arrogent le droit d'ex-
ploiter à leur profit, et aux frais de la nation, ces
mêmes colonies, qu'ils semblent ne vouloir conserver que pour eux; préférant les abandonner à l'en-
nemi, plutôt que de les laisser sous l'administration
d'un homme probe (26) ? J'espère prouver, dans
une autre occasion, que ce projet d'affaiblir notre
influence au dehors, naturel chez une nation rivale,
a été confié à des agens qu'il ne faut point aller chercher au delà des mers. Je montrerai comment et
depuis quelle époque une administration viciée
nous a fait perdre toute considération au dehors
et a produit notre nullité maritime (27).

Les partisans de la traite; ou, ce qui est la même
chose, ceux qui soutiennent qu'elle n'existe plus,
prétendent que les Anglais ne s'intéressent à la liberté des noirs que pour nous nuire : ce qui est un

aveu de leur part, sinon de la continuation de ce commerce, au moins de l'utilité dont il leur paraît être. Autrement pourquoi s'effaroucher du zèle britannique en faveur des nègres, si ce trafic, comme ils veulent le persuader, ne se continuait point? Plût à Dieu que l'influence de ce cabinet ne se fut jamais exercée que sur des chimères!... Mais loin d'avoir supprimé la traite uniquement contre nos intérêts, il l'a défendue de tout son crédit, et n'a consenti à l'abolir qu'après seize ans de débats opiniâtres dans le parlement. Tout le monde sait que lord Liverpool, président du conseil, lord Castelreagh et la presque totalité du ministère actuel ont opposé long-temps la plus vive résistance. La fin de cet odieux trafic est due aux principes philantrophiques de C. Fox, qui le fit cesser dès son arrivée au ministère. Le petit nombre d'individus qui vivent de la traite, feignent d'ignorer que si les Français n'ont pas donné le premier exemple de son abolition, ils l'ont supprimée long-temps avant les Anglais (28). D'ailleurs qu'importe d'où vient une vérité; elles sont si rares, qu'il faut se hâter de l'accueillir, quand elle arrive.

Chez nos voisins, comme chez nous (29), quelques philantropes ont commencé par faire entendre le langage de la raison, qui d'abord a été repoussé à Londres, comme partout. Puis la vérité a fini par diriger l'opinion, qui, à son tour, a forcé le ministère à suivre des maximes plus conformes à la justice et à la morale universelle. C'est un hommage forcé rendu à l'opinion ; ainsi ne faisons honneur qu'aux particuliers de l'appui que les esclaves noirs trouvent en Angleterre. Les citoyens éclairés de ce pays agissent certainement de bonne foi, en réunissant leurs efforts pour propager des sentimens d'humanité qui ne peuvent nuire à personne. Les Clarkson et les Wilberforce pensent comme les philantropes de France et d'Amérique. Faudra-t-il aussi repousser les tentatives de ces bienfaiteurs du genre humain qui s'efforcent d'abolir la guerre; ce fléau soutien du despotisme, et le tombeau de la civilisation : car ce projet n'est plus *le rêve d'un honnête homme,* mais le désir d'un grand nombre de gens de bien (3o) et les peuples commencent à s'apercevoir qu'il ne leur convient point de s'égorger mutuellement au profit de ceux qui les oppriment (3i).

L'abolition de la traite ne porte préjudice qu'aux négriers et à ces colons qui ne savent faire agir leurs esclaves que le fouet à la main. D'ailleurs il n'est aucune amélioration qui ne soit repoussée par quelques individus lésés. La découverte de l'imprimerie fut désapprouvée par les copistes et la vaccine même a éprouvé une pareille résistance. La vérité ne se fait jour qu'à travers mille obstacles. L'ordre social est organisé; je veux dire désorganisé de manière que le mal seul se progage rapidement. Trop de gens, dans la vieille Europe, sont intéressés à le défendre pour espérer de le signaler sans devenir victime de son dévouement (3a).

La traite est nécessaire à ces colons, satisfaits

lorsqu'un noir a pu *durer cinq ans*. Si les esclaves étaient traités moins durement, ils vivraient davantage; et par l'adoption d'une culture plus convenable, ils enrichiraient leurs maîtres en peu de temps. Alors la population noire de nos colonie, n'aurait plus besoin de la traite : elle s'accroîtrait comme celle de tous les hommes qui ne sont pas soumis à un trop dur esclavage.

Dans les colonies anglaises, où la traite a cessé en 1808, la population des esclaves a d'abord diminué par suite des mêmes vices qui existaient, avant cette époque, dans toutes les colonies; mais, après quelques années, un recensement authentique a démontré que cette population augmentait dans une proportion toujours croissante. Les naissances de 1815 ont été surpassées par celles de 1816, celles-ci par celles de 1817, ainsi de suite jusqu'à présent. Cet heureux résultat a été l'effet inévitable de l'enregistrement des captifs; de l'encouragement accordé aux mariages; (auparavant l'usage des négresses qui s'adonnaient à plusieurs hommes, nuisait beaucoup à la reproduction); de l'adoucissement apporté à l'esclavage; et de la protection des lois envers les noirs et les hommes de couleur de toutes les classes. On a vu un membre du conseil royal de l'île de *Tortola*, l'honorable Arthur Hodge. (Voyez le sixième rapport de l'institution africaine, 1812, page 59), condamné à mort et exécuté pour le meurtre d'un esclave. La proposition seule d'un pareil acte de justice mettrait en fureur tous les blancs de nos colonies. Quand les naissances auront égalisé la proportion des sexes, (la traite introduit plus d'hommes que de femmes), la population de couleur s'accroîtra d'une manière encore plus rapide.

C'est une erreur de croire que les productions coloniales ne puissent s'obtenir qu'avec des esclaves. Saint-Domingue, d'abord défriché par des Européens, ne se soutenait, sous le régime du code noir, qu'en y sacrifiant tous les ans vingt-cinq mille Africains, dont la sueur ensanglantée fertilisait les terres. Haïti, sous le pavillon de la liberté, voit croître sa population et fleurir de nouveau ses cultures (33). Elles surpasseront tout ce que l'on a vu jusqu'à présent, lorsque le gouvernement donnera à cette première source de la richesse nationale, les soins protecteurs qu'il accorde aux autres. Nos colonies s'élèveraient de même à un grand degré de prospérité, si, obtenant une légère émancipation, elles jouissaient, sous une administration moins vexatoire et moins spoliatrice, d'un peu de liberté ; si elles n'étaient plus sacrifiées à la cupidité de quelques *pachas*, autorisés à commettre l'injustice et qui prétendent n'être soumis à aucune loi, sous prétexte que la charte ne s'étend point aux colonies ; si l'on savait introduire un meilleur système de culture et quelques réglemens protecteurs des esclaves. Mais l'égoïsme et l'ignorance des bureaux s'opposeront à toute amélioration. On n'octroyera, qu'à la dernière extrémité quelque adoucissement à l'esclavage (34) et ces îles passeront, un peu plutôt, sous les lois de la république d'Haïti.

Alors on songera sérieusement à introduire l'agriculture en Afrique, si bien placée pour y multiplier, à peu de frais, toutes les productions végétales des pays éloignés. Ces cultures, exploitées par des mains libres, peuvent enrichir réciproquement les peuples d'Europe et ceux d'Afrique.

Le Sénégal, dont la possession est si précieuse pour établir, par eau, une communication facile avec les contrées intérieures de l'Afrique, où les Européens ne tarderont pas à pénétrer (35), se refusera toujours à un système de colonisation fondé sur les cultures. Les vents brûlans du désert qui règnent huit mois de l'année et dévorent toute végétation ; les sables qui ont envahi la plus grande partie des deux rives du fleuve (36) ; l'esprit d'intolérance et de paresse des Maures et des Pol, sont des obstacles auxquels on ne saurait apporter aucun remède. Au-delà de l'influence mortelle du désert, les sables disparaissent, on trouve une terre fertile, des peuples laborieux et point belliqueux et une végétation vigoureuse qui ne permet pas de douter de la réussite de toutes les cultures des pays chauds. Si l'on avait confié à une personne probe et capable, le quart de l'argent sacrifié à l'ineptie de Schmaltz, la France posséderait déjà, au sud de la Gambie, une colonie florissante.

J'espère, Messieurs, que vous me pardonnerez ces détails; je ne les crois point étrangers à une discussion sur la traite.

Il me reste à dire un mot sur l'acharnement que ses partisans mettent à défendre ce trafic, qui n'est, aux yeux de la religion et de la morale, qu'une véritable piraterie. La cupidité est leur seul mobile: les bénéfices qui résultent de ce commerce, leur font braver les risques attachés à ce genre de spéculation et étouffer les remords de leur conscience; si toutefois ils ont une conscience.

Un bon nègre, ce que les négriers appellent *une pièce d'Inde,* vaut généralement au Sénégal 3oo fr. et moins de 15o dans le haut de la rivière, (à Galam, deux cent cinquante lieues au-dessus de Saint-Louis). On les achète dans les établissemens portugais de Casa-Mansa, de Cacheo, à 2oo francs et dans d'autres endroits encore à meilleur marché. Ces prix sont établis en marchandises qui ne coûtent pas en Europe les deux tiers de la valeur qu'elles ont en Afrique. Ces captifs, transportés en Amérique, sont vendus 15 à 1,8oo francs dans nos colonies et chez les colons espagnols, 2 et 3,ooo francs. On voit que ces bénéfices énormes permettent de supporter des frais extraordinaires et d'acheter des protecteurs. Au Sénégal, l'embarquement d'un noir coûtait dix piastres et quelquefois quinze. J'ignore qui percevait ce droit; mais je connais plusieurs personnes qui l'ont payé.

J'ai parlé, dans ma première pétition, de l'insuffisance des lois rendues contre la traite. Une loi plus rigoureuse est indispensable. Si celle que vous adopterez ne prononce pas des peines afflictives; elle sera également inéficace et la traite continuera d'avoir lieu, comme par le passé. Des lois sévères contre des pirates, ou des négriers, sans une croisière active, ressemblent à un code criminel sans tribunaux; ce n'est plus qu'une feuille de papier. Les partisans de la traite emploieront tout leur crédit pour obtenir une loi qui ne réprime qu'avec des peines pécuniaires; afin que les profits d'un voyage puissent payer les confiscations. Une pareille loi ne produirait aucun changement et ne serait qu'une affaire d'assurance. Si l'on veut franchement abolir la traite, il faut avoir recours aux peines infâmantes, sans lesquelles on n'en viendra jamais à bout. Craindrait-on d'en menacer le scélérat qui incendie des villages pour voler des femmes et des enfans; qui entretient un état de guerre parmi des peuples naturellement pacifiques; qui se fait un point d'honneur de son insensibilité; fusille et poignarde les hommes, sans remords, ou les précipite à la mer par douzaines?... Les honnêtes gens qui fournissent des fonds pour commettre de pareils crimes, me paraissent aussi coupables que ceux qui sont chargés de les mettre à exécution. Si la loi ne les punit pas également, je ne vois pas pourquoi elle serait plus sévère envers celui qui spéculerait en entretenant des voleurs de grand chemin.

Messieurs, le droit de pétition étant un devoir imposé à chaque citoyen pour soumettre à votre sagesse les abus que l'on cache au souverain : je viens, pour la seconde fois, vous dénoncer la continuation de la traite, l'impunité des coupables et réclamer votre protection pour obtenir, conformément à la demande que vous fit l'année dernière le ministre de la marine, d'être mis en jugement ; puisque c'est l'unique moyen de faire connaître la vérité qu'on dérobe à votre connaissance et à celle de sa majesté.

Jusqu'ici, Messieurs, je n'ai parlé que pour le bien public et l'utilité générale : me serait-il permis de vous entretenir un instant de moi, pour vous prier de me faire obtenir une réparation proportionnée au tort que j'ai reçu, lorsque le ministre et M. Courvoisier m'ont accusé, devant la France entière, d'une infâme calomnie ? Les agens d'un gouvernement constitutionnel, auraient-ils le droit de commettre un délit que les tribunaux punissent avec rigueur chez les particuliers ? Leur seraient-ils permis de diffamer un citoyen qui n'a d'autre désir que celui d'être utile à sa patrie et à la cause de l'humanité ? Je demande l'effet de l'accusation portée contre moi : d'abord pour exposer la vérité au grand jour ; ensuite pour me disculper publiquement, puisque jusqu'à présent la censure m'a empêché de publier ma justification dans les journaux, me livrant ainsi à l'insulte et à la calomnie, sans me permettre la défense. La vérité est-elle donc si dangereuse, qu'on se bouche soi-même les oreilles pour ne pas l'entendre et qu'on craigne d'en laisser échapper la fumée ?

Le renvoi de ma pétition au ministre de la marine, serait aussi insufisant que celui que vous avez prononcé à la session dernière. Car cette grande question, de savoir si d'obscurs spéculateurs continueront de vendre des hommes; question qui intéresse la nation française et l'humanité entière, est décidée depuis long-temps dans les bureaux de ce ministère, où l'on accueille favorablement les partisans de la traite, et l'on punit avec rigueur tous ceux qui la désapprouvent.

J'ai l'honneur d'être, Messieurs, avec la considération et le respect qu'on doit aux pères de la patrie,

Votre concitoyen,

MORENAS.

NOTES.

(1) Dans la séance du 29 juin 1820. *Voyez* tous les journaux du 30 juin et le *Moniteur* du 1er juillet.

(2) MM. Mille, Trèves, Colbrant, Lemeur, Calvet, maritau. *Voyez* ma première pétition, page 8.

(3) M. Courvoisier dit, dans son rapport : *On soupçonne les motifs qui ont excité les plaintes du pétitionnaire.* Qu'il apprenne que je n'en eus jamais d'autre que celui de contribuer au triomphe de la vérité. Mon indocilité, à cet égard, m'a valu des persécutions que je n'aurais point éprouvées, si j'avais eu quelque peu de cette flexibilité complaisante qui caractérise si bien ce député; ou seulement si j'avais voulu me taire. Après avoir donné ma démission, M. Schmaltz, qui avait ses raisons pour ne pas l'accepter, envoya chez moi son aide de camp, pour m'engager à revenir de ma démarche qu'il supposait irréfléchie. Il ne tenait qu'à moi d'avoir part aux éloges et aux faveurs; mais j'ai préféré subir l'injustice qui honore, plutôt que d'obtenir les récompenses et les honneurs qui avilissent. Je souhaite que M. Courvoisier, que je ne connais que par son injustice à mon égard et par la maladresse avec laquelle il a voulu m'écraser de sa ridicule calomnie, puisse en dire autant et ose avouer les motifs qui l'ont déterminé à répandre tant de fiel dans le rapport qu'on lui a fait faire contre moi.

(4) M. l'abbé Giudicelly, ex-préfet apostolique du Sénégal, et moi,

(5) Lorsque Schmaltz et ceux qui le protégent, voulurent persuader à son excellence d'adopter l'absurde projet de cultiver les sables arides du désert de Sahara, on fit venir du Sénégal, M. Potin, pour dire au ministre, en présence de M. Mauduit, qu'il avait déjà planté un million de pieds de coton, et qu'il en planterait, dans le courant de l'année 1818, deux autres millions. C'est Schmaltz, qui a débité ce mensonge, au nom de M. Potin, qui n'en aurait jamais eu la hardiesse. Si dans cette conférence il a été question de la traite; sans doute, M. Potin aura dit qu'elle n'existait plus, quoique ses captiveries fussent remplies à cette époque d'esclaves, partis depuis pour l'Amérique.

Quand M. Fleuriau revint en France, en 1819, il amena avec lui un certain M. Bacle de Saint-Loup, Suisse de nation, étranger à l'administration et à la colonie, pour attester que les cultures du Sénégal prospéraient, ou *allaient prospérer*. (*Voyez* les lettres qu'il a insérées dans le *Journal du Commerce*, feuille du soir, du 27 décembre 1819 et du 5 janvier 1820. On trouve les réponses à ces lettres dans la même feuille du 28 décembre 1819 et du 10 janvier 1820). Ce Suisse, auquel MM. Schmaltz et Fleuriau, avaient promis le gouvernement de Galam, devait y remplacer *M. Yoyo*, chargé de la direction du commerce que ces deux gouverneurs ont fait, dans ce pays, avec les marchandises des magasins du roi; et y établir, en même temps, une agence pour la maison de M. Bastide. M. Saint-Loup affirmait aussi que la traite ne se fesait plus. On sent combien un pareil personnage devenait précieux. Aussi, pour le faire arriver sous la tutèle de M. Fleuriau, M. Schmaltz n'hésita pas à refuser un passage, sur un vaisseau de l'état, à des employés dangereusement malades.

Voilà *les négocians et les habitans respectables de toutes les classes qui ont été consultés*, au dire de M. Courvoisier.

En 1819, M. F. Valentin, indigène et négociant de Saint-Louis, (qui n'a pas été consulté), présenta un excellent mémoire, où il dévoilait plusieurs injustices et relevait maintes inepties commises sous l'administration de MM. Schmaltz et Fleuriau. M. Courvoisier a oublié de nous apprendre que ce mémoire a été mis de côté, probablement avec les *doléances* que le commerce du Sénégal a présentées au commissaire du roi, M. Mackau. Si M. Courvoisier se chargeait cette année, d'un rapport sur ma pétition, je lui conseille de consulter ces deux pièces qui peut-être n'ont pas encore *disparu.*

Le roi des Maures *Darmankous,* s'imaginant que les souverains d'Europe communiquent entre eux comme ceux d'Afrique, écrivit en 1819, une lettre à sa majesté Louis XVIII, pour le prier de faire cesser la guerre injuste que Schmaltz fesait aux Maures *Trarzas.* M. F. Valentin, qui en était porteur, ne sachant comment la faire parvenir à son adresse, en parla à M. Fleuriau, qui lui conseilla de la jeter au feu.

(6) **Dix mille Africains,** portés en Amérique, en supposent quinze mille arrachés à leurs foyers et dont le tiers périt de souffrances ou de désespoir, avant d'arriver à leur destination. Lorsqu'une maladie devient épidémique sur un vaisseau, ou menace de le devenir, on jette à la mer les plus malades. (*Voyez* dans ma première pétition, page 10, l'événement du négrier *le Rodeur* d'où l'on a jeté à la mer trente-six noirs devenus aveugles). Les malheureux esclaves, entassés dans le fond d'une cale infecte, souffrent moins de la faim et de la soif que du manque d'air. Quelquefois en montant *la chaîne* sur le pont, on retire des cadavres enchaînés avec des agonissans à demi-asphyxiés : si l'on craint l'explosion d'un mécontentement, on les fusille pêle-mêle, sans distinction d'âge ni de sexe. Depuis que nos lois ont prohibé la traite, les négriers ont inventé de nouveaux tourmens. En cas de chasse, ils enferment leurs captifs, deux à deux, dans une barrique qu'ils jettent à la mer, s'ils craignent de

ne pas fuir assez vîte, (comme cela est arrivé sur le navire *la Jeune Estelle* capitaine Sanguines. *Voyez* le quatorzième rapport de l'institution africaine, et le rapport de sir Georges Collier.) Pour se soustraire à tant de misères, plusieurs noirs se donnent la mort, plutôt que d'entrer dans ces prisons flottantes, gardées par des bourreaux armés de plus d'instrumens de supplices que n'inventèrent jamais les ministres de l'inquisition.

J'ai entendu raconter à M. M..... qu'après avoir vendu un de ses esclaves parlant français, celui-ci vint un soir lui dire : *mon bon maître, que vous ai-je fait? Ne vous ai-je pas toujours bien servi? Pourquoi me vendez-vous?* Ce bon maître ajoutait que l'accent de ce malheureux l'avait ému jusqu'aux larmes et qu'il lui avait répondu : «J'ai besoin d'argent.» Ce noir indigné, s'éloigna en silence, pour mettre fin à son malheur et le lendemain il n'était plus.

Voici une pièce, publiée tout récemment, qui montre jusqu'à quel degré de férocité le trafic sanguinaire de la traite peut entraîner l'homme assez dénaturé pour vendre son semblable.

Lettre de M. Milius, gouverneur de l'île de Bourbon, à son excellence le ministre de la marine.

Saint-Denis, le 25 mai 1819.

..... « En septembre dernier, le sieur Lemoine, capitaine
« et armateur de la goëlette *la Bamboche*, était parti de l'Ile
« de France, sous pavillon anglais et s'était dirigé sur les
« côtes de Madagascar et de Mosambique. Il rencontra en
« route un navire portugais chargé de noirs et de poudre
« d'or. L'avidité, l'amour du gain, s'emparèrent de son
« ame. Il s'élança sur le bâtiment portugais et tua d'abord
« le maître de l'équipage à coup de fusil; arrivé à l'abor-
« dage, il s'empara bientôt du navire qu'il attaquait, et
« ses premières questions s'adressèrent à un colonel portu-
« gais, âgé de cinquante ans, auquel il demanda où était

« l'argent et la poudre d'or; après ce court interrogatoire,
« Lemoine se dérangea à dessein et le nommé Reineur, qui se
« trouvait derrière lui, fit sauter la cervelle du malheureux
« colonel, à l'aide d'un pistolet; mais ce crime ne suffisait
« point à leur affreuse cruauté. Le capitaine du bâtiment
« qui venait d'être pris, effrayé de la rapidité de ces massa-
« cres, se jeta à la mer, pour chercher un salut contre
« la mort. Vaine espérance; la rage de Lemoine et de ses
« satellites n'était pas satisfaite. Ils le poursuivirent dans un
« canot, et l'ayant bientôt atteint, ils lui déchargèrent
« un coup de sabre sur la tête. L'infortuné se sentant blessé
« s'accrocha fortement pour se soutenir au canot que mon-
« taient ses assassins, ils profitèrent de cette erreur du
« désespoir, et ils eurent la lâche barbarie de lui passer un
« sabre au travers de la gorge dont la pointe sortit par le
« côté de leur victime. Le cadavre disparut, et ils revin-
« rent fatigués, mais non pas assouvis de meurtres. Ils
« renfermèrent dans la cale les matelots portugais et après
« en avoir enlevé la riche cargaison, ils sabordèrent le na-
« vire à la flottaison et le firent couler avec les prisonniers
« qu'ils avaient enfermés...... Voilà, monseigneur, la narra-
« tion fidèle des horreurs commises par un *traitant*. Voilà
« jusqu'où le délire de la cupidité peut porter ceux qui tra-
« fiquent ainsi du sang humain. »   Signé, MILIUS.

Voyez la Correspondance du gouvernement anglais avec
celui de France, au sujet de la traite des noirs, soumise au
parlement par ordre de sa majesté britannique et imprimée
à Londres, 1821, *Class. C.*, pag 91.

(7) La goëlette *la Marie*, capitaine Guyot, saisie avec
cent six captifs à bord, le 20 janvier 1820. (*Voyez* le *Constitutionnel* du 14 juillet 1820.)

(8) Voici la copie des lettres et protestation du capitaine

de la goëlette *la Marie*, qui ont été publiées en Angleterre et dont on trouvera probablement le double des originaux au ministère de la marine.

« Sierra-Léone, le 14 février 1820.

« Monsieur le gouverneur, j'ai été pris à Gallines par la « corvette anglaise la Margiana, et conduit ici par la cor- « vette le Myrmidon, capitaine Lecke, malgré mes protes- « tations, depuis mon arrivée, on est venu prendre le nombre « des noirs qui sont à bord, et il m'a été dit qu'on les détien- « drait à terre pour les garder, et qu'on m'enverrait en « France, ou à Gorée pour être jugé.

« Votre excellence n'ignore pas que les bâtimens français « ne peuvent point être visités, et que le commandant de la « corvette qui m'a arrêté a agi contre les traités qui existent « entre les deux gouvernemens. Elle n'ignore pas non plus « que je ne suis pas justiciable des autorités anglaises, et « qu'en supposant qu'on m'eût dit vrai à l'égard de la mise à « terre des noirs et au renvoi de la goëlette, je ne vois pas « pourquoi on ferait une différence entre ces deux objets. Si « la cour de justice de Sierra-Léone est incompétente pour « juger la goëlette, il s'ensuit qu'elle ne peut pas non plus « juger la cargaison ; car je ne pense pas qu'on m'enlève « arbitrairement les noirs.

« Un retard prolongé pouvant préjudicier aux intérêts « des armateurs, je prie votre excellence de faire exécuter « à mon égard les traités qui existent entre sa majesté bri- « tannique et sa majesté le roi de France.

« J'ai l'honneur de saluer, etc., etc.

« *Signé*, A. Le Pelletier.

« Monsieur le gouverneur, puisque vous persistez dans « votre refus de m'accorder un passe-port pour me rendre « aux Antilles, l'état de mon navire ne lui permettant pas « de prendre la mer, n'ayant plus à bord d'esclaves ni de

« vivres, je crois de mon devoir, en ma qualité de comman-
« dant en second dudit navire, de protester contre les actes
« arbitraires et contraires au droit des nations et au droit
« positif qui ont été exercés envers ledit navire, son char-
« gement et son équipage.

« En conséquence, monsieur le gouverneur, j'ai l'honneur
« de remettre ci-joint à votre excellence, ma protestation
« formelle, signée de ceux de mes matelots qui sont encore
« ici,(le plus grand nombre ayant été enlevé par les bâtimens
« de sa majesté britannique), contre tous les actes aussi ar-
« bitraires qu'*inattendus*, afin de conserver aux propriétaires,
« *aux assureurs desdits bâtimens et cargaisons* le droit de
« réclamer des dommages-intérêts qui pourront leur appar-
« tenir contre qui de droit, pour cause de leur destination,
« débarquement et perte de navire. »

« J'ai l'honneur, monsieur le gouverneur, d'être etc.,

« *Signé*, A. Le Pelletier. »

Aujourd'hui le 15 mars 1820.

« Moi Auguste Le Pelletier, second capitaine de la goëlette
« française la Marie, commandée par M. V. Guyot et
« armée à Saint-Pierre La Martinique, le 1er juillet 1819,
« *pour un voyage à la côte d'Afrique.*

« Considérant qu'ayant été arrêté, avec cent six esclaves,
« sur la rade de Galine, le 21 janvier 1820, par la corvette
« la Margiana, capitaine Sandiland, et conduit ensuite à
« Sierra-Léone par la goëlette le Myrmidon, l'on débarqua
« nos cent six esclaves sans ordre, comme sans jugement; et
« qu'ensuite le capitaine Guyot ayant fait toutes les démarches
« qu'il croyait nécessaires, et n'ayant pu obtenir du gouver-
« nement, ou de toutes autres personnes le représentant, de
« savoir ce qu'on voulait faire de son bâtiment, ni même lui
« donner les pièces nécessaires pour le mettre en règle avec
« les armateurs, en tomba malade et mourut de chagrin en

« peu de jours ; et que moi, second capitaine, ayant voulu
« continuer les démarches du capitaine, et n'ayant jamais pu
« obtenir que des réponses vagues sur le sort de la goëlette
« qui dépérissait de jour en jour, se trouvant même incapa-
« ble d'entreprendre la mer, n'ayant ni vivres, ni bois, etc.
« J'ai cru devoir, par un acte formel, protester contre l'ar-
« restation du navire : le droit de visite ayant été refusé à
« l'Angleterre dans le congrès d'Aix-la-Chapelle du mois de
« novembre 1818 ; contre le débarquement des esclaves ;
« enfin, contre le retard et la perte entière de l'expédition ;
« en fesant un abandon général ; et déclarant que je pour-
« suivrai ou ferai poursuivre le capitaine Sandiland, pour
« l'arrestation de mon bâtiment ; et le gouverneur de Sierra-
« Léone, pour avoir fait débarquer les esclaves détenus, et
« fait tomber en pure perte l'expédition du bâtiment qui
« reste sur mes charges.

« Fait en double à Sierra-Léone, les jour, mois et
« an que dessus. *Signés,* Auguste LE PELLETIER, Pierre
« LATÉRONE, Juan OSSÉE, Monrose AMBRY, Edouard
« BATTEL. »

Ces documens authentiques démontrent la publicité de
la traite, et attestent l'existence des assureurs pour les cargaisons d'esclaves et les vaisseaux qui les portent. Ce qui
révolte le plus dans ces pièces ; c'est l'audace d'un infâme
négrier, pris en flagrant délit, qui ose se prévaloir du refus
de visite pour demander protection dans l'exercice de son
droit, (celui de vendre des hommes !) Ces marchands de
chair humaine, si bien instruits des transactions diplomati-
ques qu'on les croirait porteurs d'instructions spéciales,
comptent beaucoup, comme on voit, pour continuer leur
abominable commerce, sur ce refus de visite *réciproque,* que
l'Angleterre a demandée. Ces mêmes personnes, aujourd'hui
si zélées à défendre nos prétendus droits pour conserver des
gains illicites produits par la traite, n'ont opposé aucune

résistance, lorsque ce même cabinet a exigé notre nullité maritime dans certains parages. Ces messieurs craignent que si les vaisseaux armés des deux nations étaient autorisés à saisir réciproquement les négriers de part et d'autre, on ne vit bientôt sur les côtes d'Afrique une croisière vigilante qui laisserait peu de chance au succès de leur piraterie. Sous prétexte du bien public, ils ne consentiront point à cette visite réciproque ; ils enverront des croiseurs atteins de la cécité de M. le baron Mackau, qui n'a pu voir de négrier, pas même au Sénégal et ils éloigneront de la loi toute peine infâmante. Il est évident que cela nuirait trop à leur intérêt personnel.

(9) La goëlette *la Catherine*, capitaine J.-B. Martin, envoyée à Gorée, le 11 mars 1820, sous l'escorte de la corvette le Myrmidon, s'étant révoltée dans la nuit, s'est rendue à St.-Eustache, où elle a débarqué les Anglais qu'elle avait à bord. Le brick anglais, *le Thistle*, capitaine Hagan, a visité la même goëlette, fesant, sous le capitaine Sanchez, un nouveau voyage de traite.

(10) Voyez le *Journal du Commerce* du 3 février 1821 et le *Mémoranda* publié à Londres. En 1820.

(11) MM. Calvet, Maritau et Courau. Ce dernier était chargé de vendre les esclaves de la captiverie d'une maison de Bordeaux, (*voyez* ma première pétition page 7), pendant qu'il était, en même temps, commandant de la place, chef de la police de Saint-Louis, et aide-de-camp de M. Schmaltz.

(12) Il a laissé partir les navires des capitaines Desse, Bréant, Jaffro et Raimbault, qui avaient chargé des captifs à Saint-Louis, d'une manière assez publique. (*Voyez* la lettre de M. l'abbé Giudicelly, page 10, et ma première pétition page 8.) Il a acheté ensuite, pour le gouvernement, la goëlette l'Elisa sur laquelle Jaffro venait de porter une

cargaison de noirs en Amérique. Tout le monde sait au Sénégal, que M. Mille, commis de marine et chef de la comptabilité, a eu le pouvoir, sous l'administration de M. Fleuriau, de retarder la saisie de la cargaison du Postillon, pour obtenir le paiement de trente-six captifs qu'il avait vendus au capitaine de ce vaisseau, dont la saisie fut exécutée le lendemain, par ce même M. Mille.

(13) J'ai dit dans ma première pétition, page 6, « qu'un « noir s'étant rendu à Saint-Louis, pour réclamer son fils, « fut renvoyé par M. Fleuriau, sur l'observation de « M. Courau, qui dit, en ma présence et celle du maire, que « ce captif appartenait au colonel Schmaltz. » M. Courvoisier annonce dans son rapport, que M. Fleuriau, ayant été consulté, a répondu, *qu'aucun père n'avait réclamé son fils.* Des informations postérieures à ma pétition, m'ont appris que les deux noirs qui ont fait réclamer par le maire et *en ma présence*, le nommé Auguste, captif de M. Courau, ou de M. Schmaltz, étaient, l'un son oncle et l'autre son parent. Ainsi, dans cette occasion, M. Courvoisier a pu affirmer, qu'aucun père n'avait réclamé son fils. Quant à M. le chevalier Fleuriau, qui a eu la dureté de refuser justice à ces deux infortunés et qui croit aujourd'hui se disculper d'un fait aussi grave par une gasconnade déplacée, je lui apprendrai, si toutefois il l'ignorait, que, sous son administration, plusieurs malheureux se sont rendus à Saint-Louis pour racheter leurs enfans; et j'ajouterai, à la honte de cet administrateur, que leurs démarches ont été inutiles.

J'ai entendu raconter à M. Bourgerel, le 28 août 1818, devant douze personnes, qu'un Yolof était venu lui demander son fils, fesant partie d'une cargaison de noirs destinée pour l'Amérique, et que n'ayant pas voulu le livrer sans avoir reçu soixante piastres (300 francs), ou un nègre en remplacement, ce père était parti pour aller chercher un autre captif.

M. Gansford, autre marchand d'esclaves, présent à cette

conversation , ajouta : que même chose était arrivée chez lui quelques jours auparavant. Un noir est venu, dit-il, dans ma captiverie , reconnaître et réclamer son fils et son neveu , et m'a offert pour leur rançon , quarante vaches ; mais n'ayant pas voulu conclure à moins de quarante-cinq, le marché n'a pas eu lieu. (Une vache vaut 15 à 18 francs.) Ainsi, ces deux négriers se sont montrés plus justes et plus humains que M. le gouverneur Fleuriau.

Ces faits ne sont pas rares au Sénégal. En octobre 1818, j'ai connu un noir d'environ soixante ans , qui avait parcouru tous les marchés d'hommes du Sénégal et de Gorée , pour découvrir un fils qu'on lui avait *volé, depuis le retour des Français*, et qu'il croyait parti pour l'Amérique. Ce vieillard, qui avait un air respectable, et parlait avec beaucoup de sens, s'appelle *Kalfala Touré* du village de *Koukoudaka*, dans le pays de *Fouta Tora*. Lui ayant fait accepter quelque petite chose, il me combla de bénédictions, en me disant: *que je n'étais point du pays des blancs, qu'il accusait de son infortune.*

(14) M. le colonel Schmaltz qui n'a jamais servi dans une armée française vient d'être nommé, depuis que j'ai présenté ma pétition, directeur du domaine de Chambord avec 10,000 francs d'appointement. Cette place, que beaucoup de généraux recommandables auraient sollicitée en vain, est une récompense assez directe des personnes dont il a servi les intérêts.

(15) On a généralement supposé Schmaltz associé avec M. Potin , qui avait obtenu, par la protection de ce gouverneur, le privilége d la traite et celui de la contrebande par navires étrangers, introduits plus d'une fois, malgré les réclamations des négocians , sous prétexte *du besoin du service du roi,* ou de *considérations de haute politique.* On l'a dit ensuite intéressé, (*sous le nom d'un inconnu de Paris*), dans la

maison que M. Bastide est allé établir au Sénégal, en quittant la capitale, après une double faillite. (Voyez *la Tribune de la Gironde*, 28 avril 1820.) Cette nouvelle maison, élevée sous la raison Carabas Mortimer et Cie., a expédié plusieurs cargaisons de noirs sur les navires *le Narcisse* et *la Normande*. Elle embrassait un commerce immense sur la côte, où elle avait plusieurs agens, M. Schmaltz lui avait accordé, d'une manière illégale, toutes les fournitures de la colonie. Ces marchés, qui avaient occasionné des protestations de la part des habitans, ont été annullés par le gouverneur actuel.

(16) La dépense de 1816, peut-être estimée à. . . . . . 1,000,000.
   On a accordé pour le budjet colonial de 1817. . . . . 2,000,000.
   Pour celui de 1818. . . . . . 1,500,000.   } 7,200,000 fr.
   Pour celui de 1819. . . . . . 1,500,000.
   Pour celui de 1820. . . . . . 1,200,000.
   Il faut ajouter à cette somme. . . . . . . 300,000.
obtenus de la cassette du roi dans les années 1819 et 1820; et. . . . . 100,000.
pour 1821, destinés à élever une ferme royale, dont le produit se bornera à une abondante récolte de promesses. (Depuis que ma pétition a été déposée à la chambre, j'ai appris qu'on avait renoncé à ce projet, après avoir reconnu l'impossibilité d'établir aucune ferme royale, ni même particulière, dans les sables du désert. Les employés qu'on avait fait partir pour réaliser ce beau rêve, sont de retour en France.) L'essai funeste de l'absurde projet de Schmaltz, a coûté bien plus de 10,000,000, si l'on compte le naufrage de la Méduse; la dépense de vingt gabarres qui ont porté au Sénégal des bois de construction, une artillerie, des machines, des instrumens qu'il faut faire revenir en Europe; la perte de la gomme pendant trois ans; la ruine entière du commerce

de cette colonie et les frais de l'établissement, déjà abandon_
né, de Dagana, où M. Schmaltz, (soi-disant colonel du génie),
avait tracé l'emplacement d'une caserne que les eaux ont
emportée, dès la première année.

(17) Ce même Schmaltz, a spéculé ensuite sur les besoins
de ces malheureux naufragés, abandonnés sans secours sur la
terre insalubre de Dakar, où les maladies et la misère en ont
fait périr le plus grand nombre. Quelques-uns, échappés à
la mort, ont envain réclamé leurs effets vendus, en leur
présence, par les personnes qui avaient obtenu la permission
d'aller dépouiller la Méduse. Dans cet épouvantable naufrage,
Schmaltz n'a point oublié d'emporter de la frégate, ce qu'il
avait pu enlever de plus précieux et d'embarquer trois malles
dans les chaloupes, ce qui força quelques Français de plus à
périr sur le radeau. Allez, disait-il à un malheureux,
(M. Picard), chargé d'une femme et de cinq filles, dont
une en bas âge ; allez sur le radeau : j'ai pourvu à tout ; vous
y serez bien... Schmaltz pouvait facilement sauver tout le
monde... Mais je ne veux point faire ici l'histoire de cet
homme ; j'aurais trop de dégoûtantes turpitudes à décrire.

(18) Dans le budjet de 1820, le ministre porte la dépense de la commission d'exploration attachée au Sénégal
à 16,950 francs. Elle se composait d'un ingénieur des mines
à 6,000 francs, d'un ingénieur géographe, mort en 1818,
et non remplacé, et d'un agriculteur, congédié *pour motif
d'économie*. Depuis 1818, il n'a été payé aux deux membres
restans ni frais de logement, ni autre indemnité. Cet article présente donc un excédent de 10,950 francs pour 1820.

On me refuse, ainsi qu'à M. l'abbé Giudicelly, nos frais
de logement, quoiqu'on les ait payés à ceux que nous avons
remplacés, et que le même budjet porte *pour dépenses de
logement* 3,864 francs ; et, dans autre article, *pour dépenses diverses de loyer*, etc., 18,780 francs. Cette somme

(34)

de 32,644 francs est indépendante d'un autre article, *pour frais de casernement* portés à 4,960 francs. Il serait facile de prouver qu'on n'a pas dépensé 15,000 francs pour logement. Plusieurs employés civils et militaires étant logés dans des maisons qui appartiennent à l'état. L'excédent de cette dépense est au moins de 15,000 francs.

Les frais du culte, portés à 7,600 francs, présentent la même inexactitude. Un prêtre, à Saint-Louis, à 2,000 francs; un autre, à Gorée, à 1,500 francs; deux serviteurs, ensemble, à 1,200 francs, et 900 francs de fournitures, ne font que 5,600 francs. Le loyer d'une chambre pour servir de paroisse doit être compris dans l'article dont je viens de parler. Il n'y a point eu de prêtre à Gorée dans les années 1817, 1818 et 1819; mais seulement un à Saint-Louis, (M. l'abbé Giudicelly), auquel on refuse de payer son logement, un serviteur et les fournitures de la chapelle dont il a fait les avances. Malgré les sommes prodiguées au Sénégal, on a négligé, pendant quatre ans, de faire la moindre réparation à l'hôpital, où il pleuvait sur les malades : il était plus urgent et plus utile d'élever un palais pour M. Schmaltz.

Quoique la ville de Saint-Louis renferme une population de plus de douze mille ames, elle est encore sans chapelle ; mais dans l'établissement qu'on se propose d'aller risquer à Madagascar, on doit commencer par bâtir une église : telle est la sagesse qui préside aux opérations des bureaux de la marine.

En supposant les dépenses pour le culte au complet, il y aurait toujours, pour ces trois années et celle de 1820, un excédent de 2,000 francs.

Ce budget offre, d'un bout à l'autre, la même infidélité.

En voici quelques articles pris au hasard :

« *Pour bâtimens armés de la colonie*, 82,706 francs.

« *Pour achats et affrêtemens de navires et canots pour*

« *le service de la colonie*, 10,000 francs. » Quoique le gouvernement colonial n'achète rien des habitans. Il aime

mieux fairé faire à grands frais ce que les particuliers pourraient lui fournir à meilleur marché. En 1817, M. Schmaltz
fit construire, sous sa direction, une grande embarcation,
(*l'Élisa*), qui fut démolie, sans avoir pu servir.

On trouve encore dans cet inépuisable budjet : « *pour*
« *transports par terre et par eau*, 36,960 francs. » Les
transports par terre sont nuls dans une île dont la longueur
n'a pas cinq cents toises et la largeur cinq cents pas. Si cette
somme est pour transport par eau, à quoi servent les embarcations et les navires qu'on a construits, achetés, où
frétés? D'après un examen assez exact, on peut estimer
que cette somme de 129,666 francs, dépasse au moins de
50,000 francs la dépense réelle.

« *Pour vacations, conduites, indemnités, fourrages et*
« *autres frais*, 10,847 francs.

« *Pour frais d'expéditions, de double minute d'actes, in-*
« *demnités et dépenses imprévues*, 75,528 francs. » On
ne connaît aucuns frais de ce genre au Sénégal, si ce n'est
pour *dépenses imprévues*, ou *autres frais*.

« *Pour boisson*, 46,779 fr.; *pour comestibles*, 177, 133 fr. »
Tous les officiers et les employés prennent dans les magasins
du roi une infinité de choses sur des bons, dont le trésorier
leur fait la retenue à chaque paiement. Les habitans y achè-
tent publiquement toutes sortes de marchandises, comme :
toile, poudre, tabac, vin, eau-de-vie, une livre de savon,
une bouteille d'huile, ou de vinaigre, etc. (Voy. *la Tribune
de la Gironde* du 28 février 1820. Je ne cite ce journal que
comme un témoignage de ce que j'ai vu et fait moi-même).
On ne peut pas estimer que l'administration coloniale retire
moins de 15,000 francs de la vente des boissons, et moins
de 60,000 francs de celle des comestibles ; ce produit, quel
qu'il puisse être, devrait paraître quelque part en recette.

« *Pour ouvriers à la journée*, 50,008 francs. » Le gouvernement requiert de force au Sénégal les *laptots* (matelots
noirs) et les ouvriers dont il a besoin. Il a fixé le prix du

travail de ces derniers, par un arrêté du 23 août 1819, in-
titulé : *Ordonnance concernant la taxe de la paie des ouvriers*, avec cette parenthèse : *sauf approbation du roi*, qui
défend de travailler, ou faire travailler à un prix plus haut
que celui fixé par le gouverneur, *sous peine de punition*. En
octobre même année, M. Schmaltz a rendu une autre ordonnance, par laquelle il fait savoir : que, *faute d'argent*,
il ferait ses paiemens à l'avenir en marchandises, au prix
fixé par lui-même de la manière suivante :

La pièce de guinée bleue. . . . . 40 f. ou 8 barres (*).

La pièce de mousseline. 28

L'ambre, le 1/2 kil. 100

La poudre, les 50 kil. 150

Le fer en barre, le kil. 1

En voilà assez pour montrer que l'administration de cette
colonie dépense peu d'argent. Par un abus bien condam-
nable, elle a introduit une si grande quantité de marchandise, que le commerce des habitans en a été paralysé. La
guinée (pièce de toile bleue), qui valait 50 francs en 1818,
n'a plus cours maintenant que pour 30, et le malheureux
onvrier, forcé de la prendre pour 40, perd le quart du
prix modique auquel M. le gouverneur Schmaltz a bien
voulu fixer son travail.

Pourquoi cet article de 50,008 francs pour salaires d'ouvriers (payés en marchandises,) puisqu'un autre article
porte *pour diverses marchandises*, 58.904 francs? Une partie
de ces marchandises est destinée à solder les coutumes ou tri-
buts que l'on paie à tous les chefs des peuples qui habitent
les bords du fleuve, et dont le montant ne s'élevait, en 1786
qu'à 36,000 francs. Il faudrait de plus tenir compte des cou-

---

(*) La barre qui a une valeur nominale de cinq francs, n'en vaut in-
trinsèquement que quatre ce qui a fait donner à la piastre d'Espagne la
valeur fictive de six francs.

tumes des Maures Trarzas, des Pol et de Galam qui n'ont pas été payées, et qu'on peut estimer au moins à 20,000 francs.

Pourquoi ne voit-on paraître en recette aucune somme pour les marchandises vendues journellement aux employés et aux particuliers, et dont le produit doit être considérable?

Cet aperçu peut servir à donner une idée de l'infidélité de ce budjet. On peut estimer, d'après un examen assez favorable, que les 1,200,000 francs dont il se compose, outrepassent, au moins d'un tiers, la dépense réelle.

(19) Voyez ma première pétition, page 10.

(20) Je pourrais nommer les individus intéressés au maintient de la traite et désigner, même jusqu'à un certain point, la part que chacun y prend. Le public serait bien étonné s'il connaissait l'emploi du produit de la vente des malheureux noirs; mais, au lieu de soulever le voile qui cache un tableau hideux, abandonnons les coupables au jugement de la postérité qui apprécie à leur juste valeur les actions des peuples, des grands et des rois.

(21) Les Pol ont refusé de nous rendre Podor, dans la crainte que ce fort ne nous servit, comme par le passé, à faire sur eux de nouveaux esclaves. Une des raisons qui ont paru les décider à ne point s'opposer au passage du brick de l'état, l'*Argus*, qui se rendit à Galam, en 1818, fut l'assurance donnée par le capitaine que le roi avait aboli la traite et qu'il ne permettrait plus un pareil brigandage.

(22) On a déjà vu Schmaltz accordant le privilége de la traite à M. Potin, au préjudice des autres négriers, livrant à Bastide toutes les fournitures de la colonie, au mépris des droits et des réclamations des négocians qui avaient envoyé leurs soumissions, tandis que le protégé Bastide n'en a fait

aucune (voyez la *Tribune de Bordeaux*, du 28 février 1820). Pour réunir tous les malheurs sur cette colonie, il ne restait plus à ce gouverneur que de s'approprier le peu de commerce que son improbité ou son ineptie n'avait pas anéanti; ce qu'il a exécuté, de concert avec M. Fleuriau, en expédiant pour Galam un vaisseau chargé de marchandises, dont la vente a fait manquer les expéditions des particuliers et en faisant plusieurs opérations mercantiles, qui ont métamorphosé les magasins du roi en boutiques de brocanteurs. Cette conduite a réduit plusieurs négocians, du pays, à fermer leurs magasins et à quitter la colonie. (Voyez le journal que je viens de citer, et celui du 1er et 4 mars suivant et le *Journal du Commerce et de l'industrie* des 2 et 22 fév. 1820.)

Il ne serait pas difficile de prouver que Schmaltz n'a excité les hostilités des Maures contre les nègres que pour procurer, à bas prix aux marchés de St.-Louis, les captifs dont il avait besoin. La guerre que nous avons actuellement avec tous les peuples du Sénégal, a été occasionnée par deux prétentions injustes que Schmaltz a soutenues, ou plutôt suscitées pour accomplir son funeste projet. L'une est le refus du roi du pays de Oualo, de solder le tribut que celui-ci paie depuis long-temps aux Maures Trarzas. M. Schmaltz lui avait persuadé que le traité, par lequel il venait de céder son royaume au roi de France, le libérait entièrement. Mais en attachant quelque réalité à un pareil traité, qui n'a jamais pu en avoir aucune, puisque ce roi ne peut disposer que de ses possessions particulières et des esclaves de sa maison, il fallait au moins payer aux Maures le tribut qu'on n'avait pas le droit d'abolir et qui ne s'élève pas à 4,000 francs; ou bien le défendre et ne pas laisser ravager son pays, sans lui envoyer aucun secours. On lui a fait passer des armes et des munitions pour alimenter la guerre; mais pas un soldat pour le protéger. L'homme de confiance de Schmaltz, M. F. Pélegrin a prêté ses embarcations aux Maures pour leur aciliter le passage de la rivière, et cela d'une manière si scan-

daleuse que M. Schmaltz s'est vu forcé de le faire arrêter ;
mais après avoir été consigné quelques jours au gouvernement, il a été acquitté au milieu de l'indignation générale.

L'autre prétention qui a occasionné une nouvelle guerre
a été le projet de s'établir à Dagana. Ce village est sur la
limite du pays des *Ouali* et de celui des *Pol*, et appartient
par moitié à ces deux peuples. Nous aurions pu disposer de
la partie soumise aux premiers, mais nous n'avions aucun
droit de nous emparer de l'autre. Voici la lettre que les
principaux chefs des *Pol* écrivirent à ce sujet à M. Schmaltz.

Lettre de Lamtor Djibi *et de tous les habitans du pays de Toro, à M. Schmaltz.*

« Au nom du Dieu clément et miséricordieux.

« Lamtor Djibi et tous les habitans du pays de Toro dont
« les noms suivent, au gouverneur du Sénégal, salut :

« El-iman Boïa, ardogadé, ardobanté, ardoèdi, djorum,
« Gadadji, el-iman Djofi, el-iman Doè, el-iman djaouaro,
« el-iman-Aboubakar, Benoun saïd ;

« Nous vous faisons savoir que, grâce au Très-Haut, nous
« sommes tous en bonne santé, et nous souhaitons que vous
« soyez dans le même état que nous. Nous conservons tou-
« jours les mêmes sentimens d'amitié pour vous et nous dé-
« sirons le maintien de la bonne intelligence qui a régné
« entre nous jusqu'à ce jour.

« Nous avons entendu dire que votre intention était de
« bâtir, sans nos ordres, une ville sur notre territoire, dans
« un endroit appelé *Dagana*. Sachez que votre projet ne
« peut s'exécuter sans l'élection d'un *Almami*, dans notre
« pays, et sans son consentement.

« C'est en présence de l'assemblée des habitans du pays
« de Toro que Lamtor envoit vers vous son frère, Ali-
« Benou-Lamtor-Samba, pour vous porter cette lettre. Nous
« vous prions de lui faire accueil et de le considérer comme
« un de vos enfans.

« Salut à quiconque suit la voie droite. »

(23) L'esclavage permis par le koran est une espèce d'a-
doption dans tous les pays soumis à la loi du prophète,
l'esclave y devient membre de la famille qui l'achète, et le
charitable musulman ne se souille jamais de ces actes de
cruauté dont les Européens ont donné tant d'exemples. En
Afrique, les noirs de case (on appelle ainsi un captif né dans
la maison d'un indigène), sont traités avec beaucoup de douceur et d'humanité. Quelques-uns de ces esclaves ont, eux-
mêmes en propriété, d'autres captifs quils traitent de la même
manière. L'esclave même du Maure trouve sa captivité sup-
portable. Mais il serait difficile de rencontrer dans le monde
un être plus misérable que l'esclave soumis à la traite des
blancs.

Quoique l'esclavage ne subsiste point chez les Hindou,
les Français avaient trouvé moyen de fournir les îles de
France et de Bourbon d'esclaves Bengali; très - estimés à
cause de leur intelligence et de leur docilité. Ces malheureux
provenaient, en grande partie, de jeunes enfans dérobés à
leurs familles et qu'on embarquait secrètement. La dernière
personne, qui a fait cet abominable métier, est un nommé
Duplessis Vigoureux, Français, plus connu au Bengale,
sous le nom de *Lavillebague.* Il a expédié une cargaison de
jeunes Bengali sur un bâtiment qui descendit le Gange vers
la fin de 1789, sous la conduite du capitaine David. Le lord
Cornwallis, gouverneur de Calcutta, informé de cette criminelle contrebande, fit arrêter le navire et rendre les In-
diens à la liberté. Ce même Lavillebague, que les lois ac-
tuelles d'Angleterre enverraient à Botany-bay, est devenu
depuis, par la protection des parens de sa femme (de
la famille du lord M...), procureur du roi, et *sous-Zémindar*
de Chandernagor; ce qui prouve que l'intrigue peut réussir
tout aussi bien sur les bords du Gange que sur ceux de
la Seine.

(24) L'Espagne, la Hollande et le Portugal ont signé avec

l'Angleterre, un traité par lequel ces puissances s'accordent réciproquement le droit de visiter les navires suspectés de faire la traite. M. Babey est dans l'erreur, en disant que les Américains ont fait de même (*Voy*. sa notice sur le quatorsième rapport de l'institution africaine, dans la Revue encyclopédique de décembre 1820): mais si les Américains n'ont pas consenti, ainsi que nous à cette visite réciproque, ils ont envoyé sur les côtes d'Afrique une croisière de plusieurs bâtimens qui a déjà capturé divers négriers; tandis que notre croisière insignifiante n'en a pas encore arrêté un seul. M. Courvoisier dit : que le gouvernement (c'est-à-dire les bureaux dirigeant de la marine) est à l'abri de reproches, après avoir établi un simulacre de croisière du Sénégal à la Gambie (soixante lieues de côtes) et il donne à entendre que la surveillance des parages qui sont au-delà ne le regarde plus. Ainsi, les négriers français, qui vont chercher des noirs à Casamansa, à Cachéo, aux Bisssagots, à la côte de las Galinas, et autres lieux, peuvent faire la traire impunément et avec sécurité.

Serait-ce là l'intention de ceux qui ont fait parler M. Courvoisier? Plusieurs raisons le feraient soupçonner; comme l'invigilance de nos croiseurs, l'impunité des négriers découverts, la faveur dont jouissent les partisans de la traite et les persécutions contre ceux qui la désapprouvent, le témoignage du capitaine de *la Catherine*, qui dit, après son arrestation, que l'objet de son voyage *était connu dans les bureaux de la marine*, où on lui avait assuré que son pavillon serait respecté des Anglais et qu'il ne rencontrerait aucun croiseur français au-delà de Gorée. On peut ajouter ce qui s'est passé à différentes époques au Sénégal, où vingt-cinq bâtimens chargés de noirs sont partis sous les yeux de deux gouverneurs sans être inquiétés, malgré la croisière qui ferme cette rivière; et à Gorée, où M. l'abbé Giudicelly a vu lui-même, de ses propres yeux (cette précision sera, j'espère, suffisante pour M. Courvoisier), un embarquement de noirs qui

eut lieu dans la nuit du 16 au 17 mai 1817. Une autre fois s'é-
tant rendu de nuit sur le port avec M. Mangeard , pour être
témoin du transport d'une cargaison de captifs, que l'on
portait à bord d'un navire prêt à mettre à la voile, ils en
furent empêchés par une troupe de soldats qui fermaient les
avenues. Ces informations, communiquées aux bureaux de
la marine, y ont été traitées *d'infâmes calomnies....* Dans la
nuit du 8 au 9 mars, la goëlette *la* . . . . . , de Saint-Malo,
capitaine Lefebure, armateur M. F. . . ., tous deux de la
même ville, reçut à bord cent trente et quelques noirs, qui
furent portés dans des pirogues de l'île. L'équipage du brick
de l'état *l'Écureuil*, murmurait de ce qu'on n'arrêtait pas ce
navire, mouillé à portée de pistolet. Le nommé Robert,
qui éleva la voix un peu plus haut que ses camarades, fut
frappé par l'aspirant C...., qui lui ordonna de se taire en lui
disant : *Fais comme nous, ne vois rien*. La veille du départ
de ce négrier, quelques habitans firent observer au capitaine
qu'il était mouillé trop près du stationnaire. Que m'importe
répondit-il, ne sais-je pas que le capitaine a *l'ordre verbal*
de ne pas mettre à exécution ceux qu'il a reçus par écrit.

(25) Un député nous apprit, l'année dernière, que l'art
de la marine exige plus d'employés que de militaires ; c'est-
à-dire, que pour faire respecter notre pavillon, nous avons
moins besoin d'une armée de mer que d'une administration
nombreuse. Si cela est vrai, nous pouvons nous vanter d'avoir,
sans contre-dit, la meilleure marine du monde. Puisque celles
d'Amérique et d'Angleterre sont inférieures à la nôtre, *comme
tout le monde sait;* cela vient sans doute de ce que l'administration maritime de ces deux pays n'est composée que
d'un petit nombre de commis qu'on a la maladresse de n'em-
ployer que comme de véritables scribes.

(26) Nous aurions encore l'Ile de France, si la marine ne
s'était pas obstinée à refuser le faible secours que le général

Décaen demandait. Ce général intégre et juste ne pouvait être que l'homme de la patrie; aussi a-t-il été délaissé et ensuite persécuté : cela était inévitable. Abandonné avec cinq cents hommes contre une armée de vingt-cinq mille, il a fait toute la résistance possible, et a obtenu une capitulation honorable.

(27) C'est une folie d'attendre quelque chose de grand, ou seulement de raisonnable, d'un commis qui a passé sa vie à tailler une plume, ou à postuler. Aussi long-temps que de pareils personnages nommeront les gouverneurs, les amiraux, et jugeront les opérations d'une escadre, on doit s'attendre à une suite continuelle de désastres. Si les affaires de la marine étaient confiées à une cour d'amirauté composée des généraux de mer et des administrateurs les plus distingués par leur savoir et leur patriotisme, on ne verrait jamais ces proscriptions scandaleuses qui privent la patrie de ses meilleurs marins, comme le renvoi de MM. Bouvet, Baudin, Roussin, etc. (*) La création de ce conseil est la seule mesure qui puisse prévenir la perte totale des foibles débris de la marine qui ont résisté à l'administration des bureaux. Sous l'influence de chefs capables, ayant chacun une réputation à conserver, le sort d'une colonie et les millions de la France ne seraient jamais abandonnés à l'ignorance et à l'improbité. Les administrateurs, après de longs et honorables services, n'auraient point à gémir dans l'oubli et le besoin, et le mérite d'un chacun serait utilisé et récompensé. Sous le régime actuel, les bureaucrates exploitent l'état comme une ferme et se partagent les faveurs au mépris des lois.

M. Lecarpentier jouit d'une pension de retraite portée au maximum, tandis qu'il n'avait pas même droit au minimum

---

(*) Les deux premiers sont rentrés au service. Mais la marine continue d'être privée des talens de l'autre officier, l'un des plus capables de l'Europe.

ni par son âge, ni par la durée de ses services. M. Lescalier,
l'un des plus anciens administrateurs, aussi recommandable
par le savoir que par la probité, attend, peut-être en vain,
un faible secours de son ingrate patrie. Ce ne fut qu'à la vive
sollicitation du brave Suffren que M. Poivre obtint une retraite. L'immortel Dupleix, après avoir enrichi son pays,
a fini ses jours dans la misère. Le célèbre Labourdonnaye
est mort en sortant de la Bastille. Et le général Décaen, resté
pauvre, au milieu de l'opulence et de la prospérité que ses
rares talens ont su créer à l'Ile de France, a langui quinze
mois dans un cachot; après une administration glorieuse pour
sa patrie!.. Les chefs de cette aristocratie d'un nouveau genre
ont le plus grand intérêt d'éloigner, et au besoin, de persécu-
ter les officiers de mérite; mais surtout de ne laisser appro-
cher du ministère que les personnes les plus étrangères à l'art
de la marine. Tel est le résultat inévitable d'une organisation
où tout est subordonné à l'intrigue, ou à l'argent.

(28) C'est l'état de Virginie qui a donné le premier
exemple d'un acte législatif contre la traite; il date de 1776.
Cette sage mesure était déjà adoptée, en 1783, par douze
autres états de l'Amérique. Le congrès la supprima pour tous
en 1794, et pour la Louisianne, en 1803; mais comme l'autorité centrale n'avait pas obtenu encore le droit de modifier,
par une loi générale, la législation particulière de chaque état,
la Caroline du sud renouvela la traite en 1803, et le congrès
n'a pu l'abolir pour toujours dans tous les pays de l'union
que le 1er janvier 1808, le jour même où il commença d'en
avoir le droit. L'Angleterre venait de la supprimer, en 1807,
après seize années de violens débats dans le parlement. Elle
n'existait plus en Danemarck depuis le commencement du
dix-neuvième siècle, en vertu d'une ordonnance rendue
quelques années auparavant. Ce commerce fut aboli en
France par le décret de la convention nationale rendu
le 16 pluviôse en 11. Le 27 juillet 1793 on avait supprimé

(45)

a prime sur la traite , évaluée à 2,500,000 fr. Bonaparte
après avoir rétabli la traite pour satisfaire les folles préten-
tentions de quelques colons, s'est empressé de l'abolir,
le 29 mars 1815 , pour se rendre l'opinion favorable.

(29) La première réunion de philantropes français , qui
ont associé leurs efforts pour améliorer la condition déplo-
rable des malheureux esclaves noirs, eut lieu, en 1789 , chez
le duc de La Rochefoucault , entre un petit nombre de personnes, dont plusieurs, pleines de vie, jouissent, si non en
paix, au moins avec honneur, du succès de leur glorieuse
entreprise. Ces personnes étaient MM. Grégoire, Lafayette,
Mirabeau, La Rochefoucauld et Condorcet ; les quatre premiers, membres de l'assemblée nationale, et le dernier,
auteur d'un écrit en faveur des noirs, sous le Pseudonyme
de *Schwartz*.

(30) Les Américains, libres des liens gothiques qui entra-
vent en Europe le développement de tout bien, ont encore ici
donné l'exemple, comme dans toutes les circonstances, où
il s'agit d'être utile à la véritable civilisation : je veux dire
à celle qui a pour but d'améliorer la condition de l'espèce
humaine; et non pas, sous prétexte de gloire, d'incendier une
province, d'exterminer un peuple, ou de dorer le sommet
d'un édifice.

La guerre entretient l'existence de philosophes et de
philantropes ennemis ; contradiction qui insulte au bon sens
et qui disparaîtra comme tant d'autres absurdités, de chez les
nations civilisées. L'amour de la patrie n'est plus qu'un fatal
préjugé, lorsqu'il exige la mort d'un seul homme, ou qu'il
commande cette haine que les vieux gouvernemens entre-
tiennent parmi les peuples. Pourquoi les hommes éclairés
de tous les pays, qui dirigent l'opinion malgré les bayon-
nettes , seraient-ils moins corrigibles que les paysans de
nos campagnes, désabusés de la simplicité de croire que leur

honneur consiste à se faire tuer pour leur seigneur? La liberté
et un gouvernement représentatif ont déjà fait oublier aux
Espagnols et aux Portugais ce sentiment de haine qui les
animait depuis des siècles. Des gouvernemens, établis
dans l'intérêt des peuples, auraient bientôt assuré la pacifi-
cation et le bonheur de l'Europe.

Les premières sociétés pour abolir la guerre se sont élevées
dans les états de Massachusset, de New-Yorck et de l'Ohio.

Celle qui s'est formée en Angleterre, le 14 juin 1816, sous
le titre de *société pour l'établissement d'une paix universelle
et permanente*, a été composée dans l'origine de plus de
deux cent cinquante souscripteurs, qui se sont élevés au-
delà de cinq cents dès la seconde année.

En 1818, l'on comptait en Amérique plus de vingt-cinq
sociétés des amis de la paix, dont une seule, celle de Massachusset, avait plus de quatre cents souscripteurs. A cette
époque, il s'était déjà formé en Angleterre plusieurs sociétés
auxilliaires de celle de Londres.

(31) Mais, dira-t-on, vous allez tuer le patriotisme. Au
contraire, il deviendra plus ferme en s'éclairant ; parce que
les peuples s'attachent au sol et aux institutions qui les
rendent heureux. Le patriotisme des nouveaux citoyens de
l'Amérique du sud est bien supérieur à celui des anciens colons
de ce pays; et les Américains de l'union ne cessent point
d'être attachés à leur patrie en traitant avec les négocians
fortunés des républiques de Vénézuela, de Buénos-Ayres et
d'Haïti. On gagne d'avantage, sous tous les rapports, avec
des gens éclairés et industrieux, qu'avec des barbares mi-
sérables. Notre commerce avec la seule ville de Canton nous
est plus avantageux que toutes nos relations avec les peuples
malheureux de l'Afrique. La presqu'île de la Morée rendue
à la liberté et au travail, serait plus profitable à tous les
peuples de l'Europe que l'état actuel de l'empire ottoman.
Mais, disent des diplomates, qui prennent l'obscurité de

leurs idées pour de la profondeur, les Russes gagneraient plus que nous à cette révolution. Cela est probable; seulement ce résultat naturel sera subordonné à leur conduite: mais vous trouverez plus d'avantage dans une année de commerce avec l'ancien Péloponèse civilisé, que vous n'en pouvez espérer aujourd'hui dans un siècle. Et les Russes, devenus plus riches, contribueraient d'autant à augmenter la richesse de tous les peuples en rapport avec eux. Chacun aurait à gagner dans cette révolution, sans que personne puisse y perdre. Repoussons donc, sans hésiter, dans l'abîme ténébreux de l'étroite politique, ces restes de l'ignorance de quelques peuplades barbares qu'on s'efforce de décorer des titres fastueux de *rivalité nationale*, de *système colonial*, de *balance du commerce.*, etc. Doctrines fausses et nuisibles puisées sur les bancs de l'école, où le bon sens les réléguera, avec cette foule d'autres croyances qui n'en étaient pas moins absurdes lorsqu'elles étaient généralement adoptées.

(32) En m'engageant dans la lutte, que je suis disposé à soutenir jusqu'à ma dernière heure, j'avais prévu des nombreux obstacles et calculé bien des dangers; sans penser à rencontrer sur mon chemin un procureur général de Lyon et un député du Doubs, pays si étrangers aux colonies. Ce député magistrat n'est excusable que par la facilité avec laquelle on lui avait fait espérer d'obtenir une victoire aisée sur un faible individu, près de succomber sous le courroux d'un ministre. Il s'est laissé persuader, par un fat ignorant (qu'il n'est pas nécessaire de nommer), que je n'étais qu'un misérable auquel il était facile d'imposer silence ; et M. l'abbé Giudicelly un *extravagant*. Ainsi M. Courvoisier a eu le tort d'être trop confiant. Un peu de réflexion lui eût fait voir cependant que celui qui dédaigne les places, affronte la persécution et résiste aux hommes armés du pouvoir, sans craindre la misère, ni l'échaffaud, peut défier les persécuteurs. Les injustices de Bonaparte l'ont précipité du trône, quoiqu'il

eût *des juges pour faire condamner et des soldats pour faire fusiller.* C'est donc par erreur que M. Courvoisier a cru pouvoir, sans danger, donner son coup de pied; cela n'est pas généreux, mais c'est naturel dans une personne qui suit une route toute opposée à celle que j'ai prise. Nous nous sommes rencontrés aux deux extrémités. Avant de nous quitter, qu'il me permette de lui dire, que dans la défense d'une cause aussi légitime, je puis mépriser ses injures et dédaigner sa *calomnie* qui a expiré sur ses lèvres, où elle a imprimé une tache ineffaçable, que toute son éloquence ne saura faire oublier. M. l'abbé Giudicelly a publié une réponse dans laquelle il rejette, sur ses accusateurs, tout l'odieux des calomnies et des mensonges qu'on a fait débiter avec tant d'indécence par M. Courvoisier. Cette pièce est si forte de vérités que ce député, qui n'y est point ménagé, s'est trouvé dans l'impuissance d'y répondre.

M. Courvoisier n'est pas le seul induit en erreur. M Jomard a eu le malheur de se charger de la tâche difficile de restaurer la probité d'un fripon, surpris par la police, la main dans la caisse du maître qu'il servait. Ce n'était pas assez de l'éloge scandaleux que ce littérateur a inséré dans la Revue encyclopédique d'avril 1820, en faveur du sieur Dard, convaincu de vol, et envoyé ensuite pour répandre l'enseignement mutuel au Sénégal, où il a rançonné les noirs, quoiqu'il fût payé pour les instruire gratuitement; ce que je puis prouver par ses quittances que j'ai entre les mains. Le crédit qui soutient tout ce qu'il y a de mauvais dans les colonies, allait lui faire accorder une récompense par la société d'encouragement, sans la vigoureuse opposition d'un savant respectable, justement indigné d'une pareille infâmie. M. Jomard s'est empressé encore de publier la notice d'un voyage, composé sous l'influence des bureaux, pour l'opposer aux détracteurs de la colonisation agricole du Sénégal. Il paraît avoir été si pressé pour ce travail, qu'il n'a pas eu le temps de lire l'ouvrage de son collègue Lalande, auquel il fait dire le contraire de ce qu'il a écrit. Jérôme Lalande fit paraître à Paris, l'an iii de la république, une petite brochure in-4º , dans laquelle il a prodigué, mal à propos, beaucoup d'érudition pour soutenir, contre l'opinion judicieuse de l'incomparable Danville, fondée sur la seule autorité d'Hérodote, que le Niger et le Sénégal ne sont qu'un même fleuve : il s'appuie des croyances erronées de Labrue, de Labat, de Demanet et de plusieurs autres. M. Jomard dit, page 126 de sa notice : *En 1791, M. Hougthon a reconnu le premier que le Niger coulait de l'ouest à l'est: OPINION QUE LALANDE AVAIT DÉJA SOUTENUE.* Il aurait fallu dire : Mr Parck, qui a découvert le Niger le 21 juillet 1796, et non pas le major Hougthon, tué par les Maures, en 1791, à Tara près de Simbing dans le Kaarta, et qui n'a jamais vu ce fleuve. Cette méprise, peu excusable chez un membre de l'institut, n'est pas la seule erreur de cette notice, où l'auteur confond des peuples différens et séparés par de grandes distances, comme les *Bam. bara,* qu'il croit être les mêmes que les *Serrère,* etc. (p. 411).

(33) Dans le temps que Saint-Domingue, divisé en deux partis, était menacé par la France d'une guerre d'extermination, les habitans craignaient de se livrer aux cultures; et cependant plus de trois cents navires ont exporté, l'année dernière, l'excédent annuel de ses produits agricoles. Si le ministère, cessant d'écouter la haine aveugle des colons, renonçait à un projet de guerre, qu'il est dans l'impuissance d'entreprendre ; s'il reconnaissait ce qu'il ne peut plus empêcher, alors les noirs de l'état libre d'Haïti, se livrant entièrement à l'agriculture, nous fourniraient toutes les productions des pays chauds en plus grande quantité et à meilleur marché que l'ancienne colonie de Saint-Domingue. Les noirs, devenus propriétaires, vivent déjà dans l'aisance et contractent le besoin d'un luxe qui serait très-utile à nos fabricans, si l'on n'avait pas la maladresse

4

de repousser les relations naturelles qui existent entre les deux pays. Mais au lieu d'écouter les intérêts des deux peuples, que la confiance seule peut réunir, on envoit des *commissaires menaçans* et une espèce de mission jésuitique, organisée à Paris, sous les yeux de la police, par un chef équivoque devenu, par la grâce de Dieu, évêque de Saint-Domingue. M. Pierre de Glory, évêque *in partibus* de Macri, chevalier du S.-Sépulchre, de l'ordre royal de Henri IV (celui de la Légion d'Honneur), grand-croix de l'ordre militaire de l'Éperon d'or, etc. (1), ancien protestant marié, citoyen français, et prélat étranger est-il envoyé pour occuper le siége épiscopal du royaume de Christophe, ou celui de la république d'Haïti, ou bien celui de la colonie de Saint-Domingue sur laquelle *le roi de France a des droits incontestables et imprescriptibles comme souverain*, si l'on en croit le vicomte de Fontages, commissaire du roi, envoyé, en 1816, pour ramener *les insoumis* de Saint-Domingue? (Voyez sa correspondance avec les autorités de ce pays, publiée au Port-au-Prince et dans l'histoire de la république d'Haïti, par M. Civique de Gastine, Paris 1819).

La vérité est, comme l'eau, incompressible, et se fait jour à travers les obstacles qu'on lui oppose. Le zèle de *l'ami de la religion et du roi, journal ecclésiastique, politique,* et grand propagateur des idées anti-libérales et des principes anti-constitutionnels des missions modernes, est peu propre à recommander un chevalier français allant prêcher l'évangile aux démocrates d'Haïti. Ce journal, chargé de nous instruire de l'histoire peu édifiante de nos missionaires nous informe : (*Voyez* le numéro 683, du 24 février 1821), que *Pierre Glory, ordonné prêtre depuis peu à Toulouse, a*

---

(1) Tels sont les titres que, par humilité chrétienne, monseigneur prend dans sa lettre pastorale. *Voyez* la Chronique religieuse, t. V, pag. 532.

mérite LA RECOMMANDATION d'un chef de l'administration française, par le zèle qu'il a montré à la Guadeloupe, pendant les cent jours, pour les intérêts du roi : qu'après avoir présenté au Saint-Siége, un plan pour faire voir combien il serait avantageux d'envoyer un évêque à Saint-Domingue, afin d'y maintenir la subordination, il a été choisi pour aller diriger la conduite PEU HONORABLE des prêtres de la république. Le journaliste s'appitoyant, pour la première fois, sur le sort des Haïtiens, souhaite que ce prêtre militaire, chargé d'une mission *apostolique*, obtienne assez d'*autorité* pour faire cesser le *désordre* et le *scandale* qui règnent dans cette île. Quoique bien au courant des intrigues ecclésiastiques, il ignore pourtant quelques particularités de son protégé. Je pourrais lui citer le nom de la personne qui a présenté à Rome le plan dont l'exécution a été confiée à un chevalier bardé de médailles et de bouts de rubans, homme rusé connaissant déjà l'esprit trop confiant des créoles et qui a été préféré à un simple ecclésiastique qui n'avait d'autre vue que le bien de la religion et l'intérêt des noirs; mais dont le caractère, moins souple que celui de monseigneur l'évêque de Macri, n'a pu lui ménager *la protection* d'aucun chef de l'administration française des colonies...

Parmi les douze séminaristes que M. de Glory a mené avec lui, on remarque le *jésuite* Gaubert, destiné, dit-on, à devenir grand vicaire. Ce loyal missionnaire fait déjà l'apologie des disciples de Loyola et l'éloge de l'intolérance de Ferdinand, avant le miracle de sa conversion. Il préconise les bienfaits de la sainte inquisition, et blâme la liberté de la presse, l'enseignement mutuel, la philosophie du siècle qui ont produit ces funestes idées libérales et tant d'autres prétentions séditieuses qui menacent l'Europe de sa désorganisation. Cette confidence m'a été faite par M. Gaubert lui-même, en présence de M. D.... et de M. Georges, magistrat respectable de la république d'Haïti, qui a laissé dans Paris une réputation bien propre à détruire les ridicules préjugés qu'on ne cesse de répandre contre les prétendus *rebelles* de Saint Domingue.

Il faut avoir l'effronterie d'un gascon mitré pour se présenter dans ce pays, secondé par un jésuite déjà connu par son inconduite aux Cayes. Si Mgr. le chevalier de Glory n'avait d'autre but que celui d'aller prêcher l'évangile à des républicains, que ne prenait-il à Imola de jeunes ecclésiastiques élevés par le Saint-Père dans les *principes démocratiques* de ce Dieu, mis à mort pour avoir prêché l'égalité parmi les hommes; et non pas venir de Rome choisir au séminaire de Paris une colonie de jésuites. La décence voulait qu'il partit directement de l'Italie. Un séjour de plusieurs mois à Paris ne pouvait faire soupçonner en lui d'autre intention que celle de se concerter avec les colons, ou avec *l'administrateur de la marine, dont il avait obtenu la protection.*

Est-il permis de croire qu'une conduite, où la franchise paraît si peu naturelle, soit étrangère aux intrigues des colons? Ceux-ci, à force de rêver aux moyens de rentrer dans leurs anciennes habitations, perdues sans retour, se sont imaginé qu'on leur devait des indemnités, et ils font courir le bruit que leurs droits se discutent eu ce moment dans les cabinets de Londres et de Paris. Et quand même leurs ridicules prétentions auraient été colportées de Troppau à Leybach, leur folie en serait-elle moindre? Vous prétendez, leur disent les Haïtiens, réclamer 150 millions pour indemnités; est-ce comme salaire du mal que nous n'avons cessé de recevoir de vous? Eh bien! venez le prendre cet or, dont vous êtes si avides, vous le recevrez par la bouche de nos canons; et si vous débarquiez jamais sur la terre de la liberté, nos torches incendiaires vous frayeraient la route des nouveaux Thermopyles, où il faudrait nous ensevelir pour nous soumettre à votre joug.

Faudra-t-il donc toujours que l'intérêt commun des peuples soit sacrifié à l'avidité de quelques intrigans ! Le seul moyen de prendre part aux richesses immenses et au grand commerce que la liberté va créer à Saint-Domingue, serait de reconnaître son indépendance et même de la protéger, si cela devenait nécessaire. Il est à craindre, pour les intérêts de la France, que les Haïtiens, se lassant d'attendre une justice qu'ils devaient espérer, ne remplacent par la haine une confiance qu'il serait plus facile d'assurer par un bon traité de commerce que par des missions jésuitiques.

Depuis que ma pétition est sous presse, j'ai appris qu'il est parti du Hâvre deux nouveaux prêtres. Si les républicains d'Haïti avaient l'imprudence d'accueillir M. de Glory et son chapitre, il ne leur resterait qu'à élever promptement des séminaires; car les colons ne pouvant, quant à présent, envoyer des soldats ne manqueraient point d'expédier des missionnaires par chaque navire, et au besoin les deux grands-inquisiteurs de Madrid, l'ancien et le nouveau, maintenant tous deux en France. Les deux derniers prêtres partis pour Saint-Domingue, sont des émigrés espagnols qui, ne pouvant se résoudre à vivre sous une monarchie constitutionnelle, vont se consoler de leurs chagrins au milieu des républicains d'Haïti. Ils doivent être suivis de trois autres prêtres qui se disposent à partir incessamment.

(34) Il devrait être inutile de répondre à des raisonnemens qui outragent la vérité et le sens commun : cependant cela devient nécessaire quand l'ignorance et plus souvent la perfidie ne cessent de répéter que les noirs, espèce intermédiaire entre l'homme et la brute, ne sont pas susceptibles d'apprécier la liberté; qu'ils vivent chez eux dans un état voisin de celui des animaux; qu'ils sont dépourvus des organes de l'intelligence; que devenus libres, dans nos colonies, ils évitent de retourner chez eux pour n'être point victimes de la barbarie de leurs compatriotes; qu'enfin l'achat des noirs est un acte de bienfaisance et même un devoir religieux, puisque sans l'humanité des blancs qui vont chercher les

esclaves sur les côtes d'Afrique, ces malheureux seraient égorgés par leurs ennemis...

Ce sujet pourrait fournir la matière d'un ouvrage intéressant qui ne corrigerait pas, néanmoins, l'avide marchand de chair humaine de sa cupidité. Je me bornerai à rappeler quelques faits qui suffiront aux personnes de bonne foi.

Il existe en Afrique, quatre classes d'esclaves, la première comprend les prisonniers de guerre. La seconde, les condamnés pour dettes. La troisième, les criminels ; et la quatrième, les esclaves de naissance. Les esclaves des deux premières classes peuvent rentrer chez eux, (les débiteurs en payant ce qu'ils doivent.) Le noir toujours affectionné au lieu qui le vit naître, y retourne toutes les fois que des obstacles de localité ne s'y opposent point. En Afrique, aucun noir ne peut voyager sans protection. Les nègres ne sortent de leur pays, que pour objet de commerce et, dans ce cas, ils se réunissent en caravane pour se faire respecter des petits voleurs et pour acheter la protection des rois, dont ils traversent les états. Les marabou ont seuls le privilège de pouvoir, sans risque, voyager isolément. Ces marabou, ou marabetta, ne sont point, comme on le dit partout, les prêtres de l'Afrique ; mais une caste particulière de lettrés, qui fournit les prêtres et dont l'existence est antérieure au koran.

Voici un fait qui prouve combien les noirs regrettent leur patrie, même quand ils vivent sous un régime moins dur que celui de nos colonies. En 1807, les négriers de Saint-Louis, ayant besoin d'esclaves, firent partir un armement destiné, en apparence pour Galam, qui se rendit, sous le commandement de M. Charbonnier, à Alébia appartenant au Pol. Ceux-ci reçurent les Français sans défiance, établirent des échanges et fournirent les vivres qu'on leur demanda. La journée se passa en réjouissances ; de la part des Européens, c'était le rugissement du tigre à la vue de sa proie. Le village fut assailli au milieu de la nuit et ses malheureux habitans furent faits esclaves, ou périrent en défendant leur liberté.

Plusieurs ont été transportés dans différentes parties de l'Amérique. Ceux que le malheur a conduits dans nos colonies, sont morts; ou languissent dans le chagrin d'être séparés, pour toujours, de leur famille. Quelques-uns, arrivés à Cuba, ont obtenu leur liberté à force de travail. On sait que les Espagnols, dont l'esclavage modéré a prévenu toute révolte, même à Saint-Domingue, (exemple qui prouve de quel côté sont les provocateurs), accordent une partie de la journée à leurs esclaves. Ceux-ci peuvent acheter, du produit de leur labeur, une heure de plus, et de cette manière parvenir successivement à se libérer tout à fait. En mars 1818, on vit arriver à St.-Louis trente-deux Pol, hommes ou femmes, faits esclaves dans l'attaque d'Alébia, et qui, après avoir acheté leur liberté par un travail pénible et assidu, avaient frété à la Havane une goëlette espagnole, moyennant 300 piastres, (1,500 francs) par personne. Cet événement, survenu peu de temps avant mon arrivée au Sénégal, où il fit une grande sensation, a été inséré dans la *Gazette* de Sierra-Léone, du 25 juillet 1818.

Il n'est point vrai que la traite empêche d'égorger les prisonniers de guerre. Les vainqueurs les conservent comme leur propriété particulière et les employent à leur usage comme esclaves, ou les vendent à leurs voisins, sans savoir s'il existe sur les côtes d'honnêtes blancs qui, par humanité, traversent les mers pour alléger la triste condition des noirs réduits à l'esclavage. Lorsque les hommes avaient cessé d'être une marchandise au Sénégal, la paix régnait dans toutes les contrées arrosées par ce fleuve. La guerre ne s'est rallumée, à l'arrivée de M. Schmaltz, que par la traite et pour l'alimenter ; on a fait dire à M. Courvoisier, qu'il existait auparavant des captiveries à Saint-Louis. On ne savait donc point dans les bureaux de la marine, que la première captiverie fut ouverte en 1817, par le sieur Colbrant, employé de l'administration? *Voyez* la réponse de M. l'abbé Giudicelly à M. Courvoisier, page 24.

Les marchands de chair humaine ont poussé l'effronterie jusqu'à se pavaner de leurs sentimens religieux. A les croire, leur intention serait de ramener des ames à Dieu et ils affectent de répandre qu'un noir chrétien est délivré des peines éternelles, par les soins charitables des colons. En attendant cette éternité, tous ceux qui vivent aux dépens des malheureux noirs n'admettent point que Jésus-Christ soit mort pour le salut de tous les hommes, ou bien ils supposent que les Africains n'appartiennent point à l'espèce humaine, puisqu'il est défendu, dans nos colonies, d'administrer aucun sacrement à un esclave. Un noir, même libre, n'approche jamais de la sainte table ; et, à sa dernière heure, il ne peut obtenir la consolation d'être assisté par un prêtre. S'il veut vivre maritalement avec une négresse, ce qui est fort rare, il ne peut pas plus prétendre à la bénédiction nuptiale qu'au respect des blancs pour sa femme.

Pourquoi dans vos temples, en présence de l'éternel, ce noir laborieux qui vous enrichit, n'obtient-il qu'une place qui doit toujours lui rappeler sa réprobation ? Les noirs sont des hommes, nous disent les négrophages, d'une espèce inférieure à la nôtre et tout à fait incapables de civilisation. Les Haïtiens ont répondu à cette absurdité, en adoptant une constitution libérale qui ferait honneur au premier peuple de l'Europe. Etait-ce un barbare, ce roi stoïcien, torturé par les blancs, et qui calmait les souffrances de son ministre, en lui disant : *et moi, suis-je sur un lit de roses ?* Ils étaient noirs, ces Égyptiens qui ont élevé, par de là les siècles connus, ces nombreux monumens qui ont épuisé notre admiration et qui subsisteront encore lorsque le souvenir des peuples modernes sera perdu. Ce même peuple noir, qui instruisit les Grecs, de qui nous avons reçu la civilisation dont nous sommes si vains, descendait d'un peuple plus noir encore, qui habitait l'Ethyopie. Mais qu'est-il besoin de fouiller dans les archives du globe, puisque tout démontre que les connaissances humaines nous ont été conservées et transmises par divers peuples de couleur. De nos jours une nation immense et au teint basané fait encore usage d'une langue supérieure à toutes les autres, par la richesse, la régularité, le poli, la précision, l'harmonie et l'abondance. *Elle est*, dit William Jones : *plus parfaite que le grec, plus riche que le latin, plus raffinée et plus harmonieuse que l'une et l'autre.* Selon M. Ward, *sanskrit signifie, poli* et cette langue, ajoute-t-il, *est la plus polie, la plus finie, la plus fleurie et en même temps la plus exacte et la plus riche qui soit connue.* Des mots sanskrits se retrouvent épars sur toutes les parties de la terre. Les milliers d'ouvrages que les Hindou possèdent dans cette langue, et dont le moins ancien a plus de quarante siècles d'antiquité, renferment le système d'astronomie que nous avons adopté ; la connaissance exacte du mouvement des corps célestes, d'après les calculs les plus délicats ; nos chiffres et tous nos calculs ; l'enseignement mutuel, dont le docteur Bell n'a connu qu'une faible partie ; les procédés les plus avantageux pour les arts et les métiers et dont un grand nombre ignorés chez nous pourraient améliorer notre système industriel, que nous devons en grande partie à nos relations indirectes avec ce peuple ; l'agriculture la mieux entendue ; le système d'économie politique le plus favorable au peuple et qu'il faut bien se garder de confondre, comme font tous nos écrivains, avec les institutions barbares introduites par les envahisseurs ; des lois qui ont servi de modèle à celles des Grecs et des Romains, sur lesquelles nous avons calqué les nôtres ; enfin, des institutions qui ont résisté aux ravages des conquérans et procuré le bonheur à une population de cent cinquante millions d'ames.

Voilà des faits positifs que les noirs peuvent opposer aux pitoyables arguties de quelques ignorans présomptueux à face blanche.

(35) Depuis la découverte de M° Parck, les Français et les Anglais s'efforcent à l'envi de pénétrer sur les bords du Niger,

où les nègres ont conservé plusieurs vestiges de l'ancienne civilisation de l'Afrique, entièrement effacée des contrées septentrionales par les guerres de religion et par la barbarie des Maures. Quoiqu'il ne reste aucun doute sur la fin malheureuse de ce voyageur célèbre, on ignore tout à fait comment il a péri. Le rapport du marabou Isago, envoyé à sa recherche, est un conte fabriqué pour obtenir la récompense qu'on lui avait promise en cas de succès. Quand on lui a demandé de nouveaux détails pour éclaircir les doutes que son récit a fait naître, il s'est enfui dans l'intérieur du pays.

Le major Peddy, parti de Rio Nunès vers la fin de 1816, est mort de la fièvre vers la fin de 1817, à Kakonda sur Rio-Grande, ainsi que tous les officiers qui composaient son escorte, à l'exception de M. Duckerd, dont il sera question tout à l'heure.

M. Ritchie, autre voyageur anglais, s'est embarqué à Marseille, vers la fin de 1818, pour Tripoli, avec le projet de se rendre, par la route du désert, à Tombouktou ; mais il n'a pu résister à une fièvre ardente qui a terminé ses jours à Morzouk, d'où l'Européen qui l'accompagnait est revenu en Angleterre.

Le gouvernement français avait fait partir, en 1817, M. Badia, Espagnol, plus connu par son voyage dans l'Afrique septentrionale, publié sous le nom d'Aly-Bey. Il devait parcourir l'intérieur de ce pays avec les caravanes d'Egypte. Sa mort laisse de grands regrets ; lui seul pouvant visiter en sûreté tous les pays musulmans, à cause de la circoncision à laquelle il s'était soumis et de l'usage qu'il avait de la langue arabe.

Au commencement de 1818, M. Mollien quitta St.-Louis, en dirigeant sa route vers le Bambara ; mais ayant passé de bonne heure au sud de la Gambie ses observations, d'ailleurs très-superficielles, ajoutent peu à ce que l'on connaissait avant lui de l'intérieur de l'Afrique. Quant à l'importante découverte des sources du Sénégal et de la Gambie qu'il prétend avoir faite, par le secours mystérieux d'un Africain dont il connaissait peu la langue , elle exige, pour obtenir l'approbation de l'Europe savante , d'être confirmée par un voyageur un peu plus exercé et dont la relation , purement littéraire, soit étrangère à toute intrigue de bureau; d'autant plus que M. Mollien et ses collaborateurs ont été , plus d'une fois , induits en erreur par des noms qu'ils ont mal connus.

La France a fait une perte dans la personne du jeune Rouzée que le climat meurtrier du Sénégal vient d'enlever au printemps de son âge. Il joignait à la connaissance de l'arabe, d'heureuses dispositions pour l'étude des langues ; et avec le goût et l'habitude du travail , il était dévoré de l'ambition d'arriver le premier à Tombouktou. Il s'était fait circonscire secrètement à St.-Louis, en septembre 1819, afin de pouvoir visiter comme musulman les contrées septentrionales du Niger. Il avait renoncé à tout secours du gouvernement qu'il eut sans doute sollicité en vain, son mérite ayant été méconnu de MM. Schmaltz et Fleuriau et de quelques baladins qui composaient la suite de ces plaisans administrateurs. Le *Journal du Commerce* du 21 décembre 1819, disait , en parlant de ce malheureux jeune homme : « qu'on « devait beaucoup espe..r du caractère de M.... jeune « Français , doué des connaissances et de la fermeté néces- « saire à un pareil voyage. » Il serait à souhaiter qu'ou puisse conserver ses observations philologiques , sur l'exactitude desquelles on peut compter beaucoup plus que sur celles d'aucun des voyageurs qui l'ont précédé dans ces contrées.

La dernière expédition pour le Niger , la seule qui existe en ce moment, est celle du major Gray, parti de la Gambie, en 1818. C'est la continuation de celle du major Peddy. A la suite de quelques difficultés, pour pénétrer au delà de Galam, le major Gray s'est arrêté dans ce dernier pays , où il est resté pendant deux ans. N'ayant pas été plus heureux , dans une seconde tentative, en 1819, il fit partir le docteur Duckerd pour Hammakou, à cinquante lieues au dessus de Ségo, dans un pays couvert de bois , et où le Niger commence à être navigable. C'est là que les Anglais se proposent de construire une goëlette, sur laquelle ils pourront descendre et remonter ce fleuve, malgré toute la résistance des habitans. Le docteur Duckerd, après avoir séjourné quelque temps à Bammakou, est allé jusqu'à Ségo, d'où il est revenu tout récemment en Europe. Le major Gray doit essayer une troisième tentative. S'il échoue, il risquera le voyage par le désert; entreprise qu'il ne peut exécuter qu'au milieu des obstacles et des difficultés que les Maures ne manqueront pas de lui susciter. Ceux-ci employeront tous leurs efforts pour éloigner d'un pays riche, dont ils font seuls tout le commerce, les Européens qu'ils regardent comme des ennemis politiques et religieux.

Si mon opinion n'était pas considérée, à la marine, comme une hérésie pestilentielle ; je pourrais indiquer la manière de faire parvenir, en sûreté et à peu de frais, une expédition sur les bords du Niger. Ce moyen dont le succès est indubitable, ferait disparaître les difficultés du voyage, et préviendrait toute opposition de la part des naturels. J'estime que 3oo,ooo fr. suffiraient pour conduire au dessus de Ségo, sans autres risques que celui des maladies, vingt Européens et cent noirs qui emporteraient les objets nécessaires pour construire, avec les bois du pays, un navire sur lequel ils exploireraient librement toute la partie navigable de ce fleuve inconnu. J'employerais pour terminer cette entreprise un procédé d'une exécution facile, auquel personne n'a songé, quoi qu'il en soit, ou peut-être parce qu'il est aussi simple que l'œuf de Colomb.

(36) Cet empiétement du désert sur les deux rives du Sénégal, dont aucun voyageur n'a fait mention, est un effet inévitable du manque de culture sur la limite de ces immenses plaines de sables sans cesse balotés par les vents. Les mêmes causes ont produit en Egypte un résultat semblable. Volney et les voyageurs qui ont visité ce dernier pays, avant 1797, s'étant peu occupés des cultures, n'ont pas eu occa-

sion d'examiner les progrès de l'ensablement des frontières
de l'est et du couchant. Mais , depuis l'expédition française ,
on s'est assuré que la province de *Sceleïch* a été dévorée, en
partie , par l'accroissement du désert , dont les limites arides
ceignent du côté de l'est les murailles du Caire et encom-
brent ses faubourgs. Les belles plaines , jadis ombragées, de
l'ancienne branche Pélusiaque sont ensevelies sous des amas
de sables. Vers l'occident , les vents d'ouest, dit M. Girard,
poussent sur l'Egypte les sables du désert et rétrécissent de
plus en plus la bande du terrain cultivable. Ces mêmes
sables ont enlevé à la culture une étendue considérable du
Fayoum , l'ancien Nôme Arsinoïte , si renommée par sa
brillante végétation et par l'abondance de ses productions
variées. Le général Andréossi , dit : que les sables de la
Lybie arrivent de proche en proche jusqu'au Nil , en res-
serrant le territoire de l'Egypte et altérant sa fertilité. Il
pense qu'aucun effort humain n'est capable de s'opposer aux
progrès de cette cause, la plus funeste de celles qui nuisent à
ce pays. M. Costaz estime à trois ou quatre mètres par au-
néesl'avancement des sables de l'ouest et le peuple croit, avec
le géographe El-Bakoui, que le Sphinx (Abou-l-houla, ou le
père de la terreur) a été placé, comme un talisman, pour arrêter leur marche auprès des grandes Pyramides. Ce résultat
n'a lieu en Egypte que par l'action des vents d'ouest qui sont
rares , et de ceux de l'est, qui le sont encore d'avantage.
Si néanmoins, il est aussi considérable sur les bords du Nil ;
il doit l'être bien plus sur ceux du Sénégal, qui sert de
limite à un océan de sables que les tempêtes agitent comme
les vagues de la mer, élevant en peu de jours, des montagnes
qu'elles dispersent aussi promptement. Le vent qui règne sur
les bords de ce dernier fleuve vient pendant neuf mois de
de l'hémisphère nord. Quand il passe au nord-est, le soleil
s'obscurcit ; un sable rouge couvre le ciel comme un nuage
épais et donne à l'atmosphère un aspect sombre et un air
pesant. Le soleil paraît, dans le milieu du jour, d'un rouge

pâle, tel qu'il se montre le soir en Europe au travers d'un épais brouillard. Lorsque ce vent du désert (improprement appelé vent d'est) se fait sentir à St.-Louis, le sable, quoique précipité par les vapeurs humides de la mer, pénètre bientôt dans les appartemens les mieux fermés, de manière à pouvoir tracer sur une table des figures avec le doigt, et l'on est souvent obligé de le balayer sur le pont des navires. La durée de ce vent doit être calculée à raison, au moins, de sept à huit jours par mois ; ce qui donne, pour les trois quarts de l'année, pendant lesquels il règne, plus de deux mois consécutifs par an. Ce sable, n'étant pas enseveli par la culture, doit recouvrir, avec le temps, les minces alluvions d'un fleuve qui traverse, dans la moitié de sa course, de vastes plaines aréneuses. C'est ce qu'on aperçoit dans plusieurs endroits de la rive gauche, où l'on voit des villages placés sur des élévations, ou amoncélemens de sables dont la base se trouve au dessus du niveau des grandes eaux. Le lac de *Ghier* (auquel les Européens ont donné, je ne sais pourquoi, le nom de *Panier Foule*) occupe, sur la même rive et à quelques lieues dans l'intérieur des terres, le fond d'un vaste bassin dont les bords, sensiblement évasés, sont couronnés par des amas de sables qui s'étendent au loin, et dominent tout. J'ai vu dans différens endroits des terrains cultivés, abandonnés depuis deux ou trois ans, et recouverts de plusieurs pouces de sables.

www.ingramcontent.com/pod-product-compliance
Lightning Source LLC
Chambersburg PA
CBHW050800070726
47595CB00015B/1232